서툰 말, 더 서툰 마음

강민정 지음

그때

나는 왜
그런 말을 했을까

말은 마음의 모양을 담는 그릇이다

"실타래처럼 엉켜 있는 우리의 소통 방식"
그 매듭을 하나씩 풀어가는 관계와 말에 대한
철학적 깊이가 있는 일상에세이

『말의 숲을 거닐며』

언어오솔길로
나는, 너에게 닿기로 했다

들어가며

말의 숲을 거닐며

**언어오솔길로
나는, 너에게 닿기로 했다**
말은 내게 가장 서툰 세상이었다.

땅을 딛자마자 부모님을 따라 미국으로 건너간 나는 이방인의 삶을 시작했다. 그렇게 영어를 첫 모국어로 익혀야 했다.

그러다 여덟 살 무렵, 한국이라는 두 번째 나라가 되어버린 이 낯선 땅에 다시 발을 디뎠다. 나는 그제야 언어의 벽 앞에 섰고, 끝없는 막막함 속으로 들어가야 했다.

한글도 나에겐 미로 같았다. 그래서 나는 수십 년간 그 미로 속을 헤매며 살아야 했다. 말의 부재는 산골처럼 깊게 스며들어, 곧 마음의 부재가 되었다.

표현하지 못한 십 대 시절의 감정들은 가슴 한 켠에 멍울졌고, 이십 대에는 거절도, 수락도, 그 어떤 의사 표현도 제대로 하지 못한 채 시간을 흘려 보냈다. 그저 침묵으로 세상과 소통한다고 믿었던 것 같다.

누군가 내게 "민정씨에겐 인생의 변곡점이 뭐예요?"라고 묻는다면, 나는 주저 없이 대답할 수 있다. 이민도, 유학도, 직업의 변화도 아닌, 바로 '말 감각'을 새롭게 길러낸 순간이라고.
그때를 기점으로 내 삶은 완전히 달라졌다. 마치 흑백 필름이 컬러로 물들어가듯, 세상은 더욱 선명해지고 풍성해졌다.
언어는 단순히 의사소통의 도구 그 이상이다.
그것은 세상을 이해하는 창과도 같지만, 실은 나 자신에 대한 이해를 먼저 만들어준다. 그리고 나서야 비로소 타인의 마음에 들어가는 문이 된다.

그래서 나처럼 말이 서툰 사람이라면 반드시 시간을 들여 언어와 관계, 그리고 소통에 대해 공부해야 한다고 이야기하고 싶다.
이 글은 하나의 여정을 담고 있다.
어린 시절 이국 땅에서의 기억들, 모국에 돌아와 새롭게 문화를 받아들이던 순간들, 그리고 관계 커뮤니케이션

연구자로서 보낸 약 17년의 시간.

그 속에서 마주한 수많은 순간들과 그로 인한 깨달음들을 담았다. 말을 통해 삶을 다시 써 내려간 한 사람의 감성에세이다.

[지은이 여정]

'다시 살다' [ReLife]

『리라이프』관계언어연구소 강민정소장

(현)라이프스피치 교육원 대표.

Lifespeech 인스타 350만뷰,

관계커뮤니케이션 극동방송 소통강연,

기업강연, 대학강사,

SBS, 조선일보 취재 인터뷰,

라이프스피치방앗간 운영

경희대 Ph.d 수료,

서강대 언론대학원 졸업,

뉴욕 SVA[1], PRATT[2] Fine Arts 학석사 수료,

철학과 졸업,

이민 및 유학생활 8년

---

[1] 미국의 SVA(School of Visual Arts, 1947) 뉴욕 맨해튼에 위치한 사립 예술대학으로 프랫(Pratt)과 파슨스(Parsons)와 함께 뉴욕의 3대 아트스쿨

[2] 미국의 프랫 인스티튜트(Pratt Institute, 1887, 뉴욕)는 예술, 디자인, 건축, 인테리어 아키텍처 분야에서 세계적으로 높은 평가를 받는 명문 사립대학

너에게 닿을 언어 오솔길을
진작에 알았더라면

『언어라는 오솔길에 대하여』

오솔길을 걸어본 적이 있을까요?
발자국 하나 하나가 모여 길을 선명하게 만들어 주듯, 발자국이 닿지 않는 길은 곧 사라져 버리고 맙니다. 이렇듯 길마저도 꾸준한 돌봄이 필요합니다.

하물며 우리는 상대 마음에도 닿는 길이 있다는 것조차 자주 잊습니다. 더불어 그 언어 오솔길도 매일매일 걸어야 사라지지 않는다는 걸 알아차리기 쉽지 않죠. 상대로 향하는 가장 빠른 길, 언어도 바로 그런길이 됩니다.
미로처럼 헤매다가 그에게 닿지 못 할 수도 있고, 닿을 쯤에 내가 지쳐 포기 할 수도 있죠. 그렇게 우리는 『언어 오솔길』을 통해 상대 마음으로 다가갑니다.

배우고 익힌 말들을 그저 책장 속에 묵혀두면, 어느새 흐릿해 진 오솔길 마냥 희미해지고 맙니다. 하지만 그 말들을 일상에서 자주 써보고, 때로는 서툴지만 용기 내어 건네 보고, 때로는 진심을 담아 전해보면, 어느새 그 언어는 『단단한 오솔길』이 되어 상대의 마음까지 이어질 수 있습니다.

우린 이렇게 서로에게 한발짝 다가감이 필요합니다.

프롤로그

얼마나 서툴렀던 걸까요
나의 말과 표현은

결이 고운 무언가는 참 귀합니다. 대개 그렇게 곱기까지는 함부로 다뤄진 적이 없기 때문입니다.
우리의 말도 마찬가지입니다. 점 하나, 조사 하나, 음정 하나를 올리고 내리는 것에도 마음의 결이 달리 표현됩니다.

향긋한 커피를 건네주는 점원에게
"감사합니다. 커피 향도 참 좋네요."라고 말하는 순간, 상대에게 전하는 칭찬은 두 마디가 됩니다. 서툴지 않은 말이 되는 거죠.

하지만 나도 모르게 속마음을 그대로 "향이 좋네요."라고 말한다면, 어쩌면 아껴두었던 말보다 못한 서투름이 될지도 모릅니다.

'결'은 사물의 짜임새나 무늬를 의미하지만, 마음이나 성품을 표현할 때도 자주 쓰입니다. 특히 '곱다'는 말은 더욱 그렇지요. 마음이 곱다, 목소리가 곱다, 눈빛이 곱다. 이처럼 쓰입니다.

그런데 참 신기합니다. 결국은 상대가 느끼는 감정의 온도, 즉 표현의 온도에 따라 단어가 받아들여지는 것이니까요. 어쩌면 우리는 언어의 질감을 가꿔서 다른 사람이나 사물을 '더 가까이' 할 수 있는지도 모릅니다.

이렇듯 언어에는 나름의 '결'이 있습니다. 더 따뜻한 질감(texture)을 지닌 언어의 결(潔) 말이죠.
서툴지 않은 마음과 표현은 결이 곱고, 따뜻한 마음과 말로 삶의 슬픔을 함께 감싸 안아줍니다. 그래서 세상을 살며 결이 고운 사람들을 곁에 두는 일은 인생의 큰 복입니다.

수술실의 메스처럼 차가운 결을 드러내지도 않고, 또 사포처럼 거친 말로 위로하지도 않지요. 그런 차갑고 거친 결의 언어는 진심 어린 조언이 되기보다는, 간섭이나 오지랖으로 느껴지기 마련입니다.

그렇다면, 지금 이 책을 펼친 당신의 언어는 어떤가요?
"사포처럼 거칠거나 서툴지는 않나요?"
무심코 내뱉은 눈빛과 표정, 말의 고르지 못한 결 때문에 누군가 당신 곁을 떠난 적은 없었나요?

서투름은 우리 모두가 지닌 애틋한 결점입니다. 누구나 삶을 살아가며 서툰 순간들을 맞닥뜨리죠. 특히 말을 할 때, 우리는 더욱 서툽니다.

하지만 서투름을 인정하는 순간, 우리는 조금씩 나아질 수 있습니다. 서툴더라도 좋은 말을 하려 애쓰는 그 마음이 중요하니까요.

때로는 어설프고, 때로는 어색해도 괜찮습니다.
그렇게 한 걸음씩 내디디다 보면, 우리의 서툰 언어도 조금씩 부드러워질 테니까요.

살다 보면 많은 일들이 힘겹습니다. 그 힘겨움을 나누려 할 때마다 우리는 다시 서투름과 마주하게 될 테지만. 그래도 괜찮습니다. 그 서투름 속에서 서로를 이해하려는 마음만 있다면, 그것으로 충분하지 않을까요?

우리는 여전히 많은 것을 꿈꿀 수 있고, 서투르지만 따뜻한 마음으로, 어설프지만 진실한 말로, 때로는 웃으며 실수하면서. 그렇게 한 걸음씩 나아가다 보면, 우리의 서툰 언어도 조금씩 더 단단해질 테니까요.

여러분의 서툰 마음이 조금이나마 위로 받기를 바랍니다.

그리고 그 서투름이 우리를 더욱 따뜻하게 만드는, 특별한 나이테가 되기를 바랍니다.

2025년 3월 봄날을 맞아
강 민 정

목차

006 서문
010 메타포, 언어오솔길
012 프롤로그

제1장 관_계, 드러나는 마음들

022 비껴간 말에는 때론, 추억이 아닌, 기억만 남긴다.
030 마음그릇이 깨지니, 진심도 흘러 넘쳐 버렸다.
036 '사람'이라는 책을 잘 읽고 싶었다
044 스스로 일으킨, 오해
050 너를 알아가기로 했다, 존중
056 그야말로 우연이 스며드는 것, 사랑

제2장 경_청, 마음을 읽어내는 것

067 그녀의 말에는 온도가 있었다
073 불편한 타인은 불편한 말로 다가온다.
080 당신의 말이 나를 휘둘렀을까
088 관계의 실마리, 말투
096 나의 말의 여백은 당신을 위한 자리입니다
102 당신의 대화는 안전한가요?
107 '너'를 알고자 시작한 대화는, '나'를 아는 것
115 경청에도 배려를 담아낼 수 있을까
122 마음 나눌 단 한 명, 그대를 그리워하오

제3장 말, 나_답게 한다는 것은

129 마음이 자꾸 눈치를 볼 땐, 솔직한 진심이다

139 뉘앙스란, 내뱉는 말에 태도를 새기는 작업이다

145 그 땐, 따뜻한 말만이 필요했다.

152 땅에 쓰는 시, 마음의 언어

159 말은 부드러웠지만 남은 자리는 차가웠다

168 나의 말에 치유의 힘이 있다면

174 응, 그냥. 효율 보다는 다정함을

177 "사랑해"의 다른 의미

184 내가 하는 말이 모두 나일까?

제4장 마음의 부채, 사과

189 우리는 성실한 변명과, 늦지 않은 사과를 기다린다

196 아픔을 안아주는 말, 공감

204 그저 조심스런 대화태도. 존중

208 때론 타인의 말이 출구를 만든다

214 첫 여정을 마치며

언어 오솔길

언어는 마치 우리 일상에 스며든 공기와 같습니다.
늘 곁에 있으면서도 그 존재를 쉽게 인식하지 못하다 가도,
문득 들여다보면 그 안에 얼마나 많은 의미가 담겨 있는지
새삼 깨닫게 되지요.

이 책에서는 각 챕터마다. 걸어야 길이 된다. 언어 오솔길 내
딛기라는 부분이 있습니다. 앞선 에피소드에서 어떤 부분을
알아채면 좋을지, 작은 비밀들을 함께 들여다보려 합니다.

실타래처럼 엉켜 있는 우리의 소통 방식, 그 매듭을 하나씩
풀어가다 보면 어쩌면 서로를 조금 더 잘 이해할 수 있게 되
지 않을까요?

제1장

관_계,
드러나는 마음들

마음과 말의
감정, 뉘앙스,
태도에 대한
성찰 중심

비껴간 말에는 때론,
추억이 아닌, 기억만 남긴다

미국 텍사스에 살던 나는 5살부터 백인 아이들이 다니는 유치원에 다녔다. 어머니께서 차로 오빠와 나를 데려다 주실 때면, 오빠는 항상 학교가 즐겁다며 먼저 뛰어 들어갔고, 나는 엄마의 치맛자락을 꼭 붙잡은 채 "가기 싫다"며 교문 앞에서 울곤 했다.

그렇게 소심한 아이였던 나는 미국 생활에 적응하는 동안 꽤나 부모님 속을 썩였다. 그 다음해, 미국 학교에서의 일이다. 놀이 시간. 미국인 친구가 손을 들고 선생님께 화장실에 다녀오겠다고 말했다. 한참 전부터 화장실에 가고 싶었던 나도 그 친구를 따라 손을 들고 말했다.

"저도 화장실 갔다 와도 돼요? 쉬가 마려워요."

하지만 선생님은 너무도 단호하게 말했다.

"Nope." "안 돼."

그 순간. 나는 '차별'이라는 단어를 알지 못했지만. 그 말 속에 담긴 차별의 감정을 어 렴 풋 이… 가슴으로 느꼈던 것 같다.

아마도 그때가. 처음은 아니었을 것이다. 하지만 그 순간은 유독 생생하게 남았다. 결국 나는 참지 못하고 옷에 실수를 하고 말았다. 어렸지만 수치스러웠고 부끄러웠다.

그날 선생님의 다음 행동은 어린 내게 적잖은 충격을 안겼다. 당황한 나를 진정 시키기는 커녕, 선생님은 엄마에게 바로 전화를 걸었다.

"민정이가 또 문제 행동을 했어요.

화장실에 가지 않고 옷에 실수를 했네요.

와서 데려가 주세요."

참 억울했다.

화장실에 가고 싶어서 정당하게 말했는데, 그 말을 듣지 않은 건 선생님이었다. 그 사람은 철저히 '갑'이었고, 저항할 힘이 없었던 나는 철저히 '을'이었다. 결국 문제아라는 낙인이 찍힌 채 나는 엄마 차 뒷좌석에 실려 집으로 돌아오곤 했다.

"민정아, 왜 선생님한테 화장실 가겠다고 말하지 않았어?

민정이는 영어도 잘하는데."

엄마도 속으로는 궁금했을 것이다.

'모국어처럼 영어를 쓰는 아이가 왜 말을 안 했을까.'

"민정이가 말을 못하는 것도 아니잖아…"

엄마의 말의 뉘앙스에서 나는

어렴풋이 무언가를 짐작했다.

나는 작게 대답했다.

"I told her, Mom… 나 얘기했어요. 엄마…"

그리고 엄마와 나 사이에 적막이 흘렀다.

그 적막은

조금은 슬 프 고,

조금은 서 러 웠 다.

엄마도,

나도.

불행이라 말하긴 무겁고,

추억이라 부르기엔

메마른 시간이었다.

그 시절,

어린 나를 스쳐 지나간 선생님의 말엔 수용도, 헤아림도,

배려도 없었다. 다만 내게는 마음이 아닌, 머릿속 어딘가에

묵직하게 눌러앉은 기억 하나가 남아 있을 뿐이다.

존재감도 부정 되었던 마음과 말 말이다. 상대의 배려 없이 남겨진 그 말은 따뜻하지도, 아프지도 않았다. 그래서 오히려 더 오래도록 지워지지 않았다. 아이러니하게도, 마음에 상처를 남기는 말보다 마음을 비켜간 말이 더 차갑게 남는 법이다. 그건 아마 상처인 줄 몰라서 애써 잊으려 하지 않았기 때문이리라.

걸어야 길이 된다 - 언어 오솔길 내딛기

유년 시절, 그날의 대화는 이상하리만큼 마음을 움츠러들게 했다. 목소리가 크거나, 발음이 낯설어서가 아니었다. 겉으론 웃고 있지만, 그 너머에 나를 단정 짓는 시선이 스며 있는 것 같았다. '너는 동양인이지' 하는 판단이, 낯설게, 그리고 날카롭게 가슴을 스쳤다.

즉, 언어는 단순한 말의 껍질이 아니다. 말은 곧 그 사람의 사고와 신념이다. 언어는 생각을 담는 그릇 그 이상이어서 그 사람의 세계, 그 '내면의 풍경'을 고스란히 드러내는 창이기도 하다.

또한 사회성은 문명화된 교육을 통해 길러진다. 좋은 문명인이 되기까지, 어린이들에게는 인종과 차별에 대한 이해, 공평함과 평등이라는 가치에 대한 교육이 필요하다.

루트비히 비트겐슈타인은 논리-철학 논고(Tractatus Logico-Philosophicus)』에서 이렇게 말했다. "내 언어의 한계는 곧 내 세계의 한계다." 그가 말한 '언어'는 단순한 말이 아니라, 우리가 세상을 인식하고 관계를 맺는 방식 그 자체였다. 그래서 결국, 말은 곧 세계다.그리고 그 세계 속에는 말하는 이의 내면이 조용히 스며 있다.

우리가 어떤 언어로 세상을 설명하느냐는 곧, 우리가 어떤 마음으로 세상을 살아가는가와 맞닿아 있다. 사람의 말에는 마음의 숨결이 배어 있듯이, 목소리의 높낮이, 말투의 부드러움. 단어의 선택 하나에도 그 사람이 세상을 어떻게 바라보느냐가 조용히 묻어난다. 말이 곧 삶이다.

내가 처음 타인의 언어에서 낯섦을 느꼈던 건, 유년 시절 이민 생활 속에서 였다. 말은 틀리지 않았지만, 말투 너머의 태도는 '환영 받지 못함'과 '다름에 대한 부정' 그 자체였다.

어쩌면 우리가 놓치는 건, 말보다 그 말에 깃든 이러한 『삶의 태도』일지도 모른다. 결국, 말이 무례했던 것이 아니라, 그 말 뒤에 숨겨진 『믿음』이 낯설고 날카롭게 다가왔던 것이다.

우리는 종종 겉으론 다정하게 말하면서도, 속으로는 판단과 경계를 품고 있다. 말로 드러나는 텍스트보다, 그 배경이 되는 신념이라는 마음의 문장이 더 큰데 말이다.

그래서 "나는 어떤 마음으로 말을 건네고 있는가?"
이 질문은, 우리가 더 좋은 관계를 맺기 위해 반드시 마주해야 할 성찰이다.

그렇다면 지금 당신의 언어는,
상대를 『환대』하는 마음인가, 『방어』하는 마음일까?
그 말의 온도는, 『어떤 신념』에서 비롯된 것일까?

마음그릇이 깨지니
진심도 흘러 넘쳐 버렸다

한국에 귀국해 초등학교에 다니던 때였다. 매년 새 학기가 시작되면, 담임선생님은 아이들을 차례로 일으켜 세우곤 했다. 이름이 불리면 국어책을 펼쳐 한 단락씩 소리 내어 읽는 시간.

모두에게 주어지는 순서였고, 누구나 한 번쯤 지나가는 통과의례 같은 일이었지만, 내게는 조금 달랐다.
"강민정, 일어나서 국어책 읽어볼까?"
나는 책장을 펼쳤다.

어디선가 본 듯한 글자들이 눈앞에서 어지럽게 흩어졌다. 정자체로 또박또박 적힌 '가, 갸, 거, 겨'는 어렴풋이 기억났지만, 그 외의 글자들은 낯설고 휘날리며 모두 다른 얼굴로 나를 응시하는 것만 같았다. 소리도, 글자도 아직은 익숙하지 않았다. 말을 듣는 것도, 글을 읽는 것도 나에게는 분명한 한계가 있었다.

나는 결국 읽지 못했다. 그러자 선생님은, 다른 아이들이 모두 보는 앞에서 이렇게 말했다.

"강민정은 한글도 못 떼고 학교에 온 거니?
엄마는 학교는 다니셨니?
왜 한글도 못 뗐니?"

그 순간의 공기는 무거웠다. 교실 가득 차 있던 시선이 내 작은 어깨 위로 쏟아졌다. 그건 배움의 시간이 아니라, 조용한 조롱의 무대 같았다.

말-은 마음을 세-우-기-도 하지만, 때로는 마음을 무너뜨리기도 한다는 걸 그 어린 시절 너무 빨리 배워버렸다.

나는 한국에서 태어나, 유아기에 곧바로 미국 텍사스로 이민을 갔다. 햇수로 일곱 해. 그곳은 내 첫 기억들이 자란 땅이었고, 나는 늘 그곳으로 다시 돌아갈 거라고 믿었다.

하지만 초등학생이 되던 어느 날, 낯선 나라에 정착하듯 한국에 들어오면서 나는 설명할 수 없는 혼란을 마주했다. 그때까지 나는 내가 미국인인 줄 알았지만, 그 믿음은 '한국'이라는 낯선 이름 아래 조용히 무너져 내렸다.

1980년대 초인 그 시절에는 미국 이민이 지금처럼 흔하지 않았다. 오빠와 나는 어눌한 한국어를 겨우 이어 붙이는, 조금은 어벙한 아이들이었다. 친구들의 눈에 우리는 충분히 '이방인'처럼 보였을 것이다.

지금 같으면 '다문화'라는 이름 아래 특별한 색채로 주목받았을지도 모르지만, 그때는 아니었다. 하지만 사실 나는 그 미국 학교에서 전교 행사 사회도 보고, 백인 친구들의 생일 파티에서 마이크를 들고 웃음을 나누던, 명랑하고 자신감 넘치는 동양 소녀였다.

그렇게 그 시절 나의 익숙한 풍경이 순식간에 낯선 풍경으로 바뀌었다. 그건 마치 꿈결에서 현실로 떨어진 듯한 충격이었다. 엄밀히 말하면, 익숙하지 않은 모음과 자음을 더듬는 게 낯설었던 게 아니다. 그저 마음안에 남은 체증은, 미국인들에게도 한국인들에게도 차별을 받아야 했다는 사실이다.

'다름'에 대한 상대의 냉소적 태도를 받아 내야 했던 것이 아픈 기억이었다. 뚫어져라 눈 깜박임도 없이 보는 시선을 나는 기억한다. 그리고 따돌리는 듯한 눈초리들을 알아버렸다. 다행히도 어느 순간 깨달은 건, 바뀐 건 내가 아니라, 내가 딛고 선 땅의 언어와 시선이라는 것이다.

그러니까, 내가 바뀐 것이 아니라 내가 속한 풍경만이 바뀐 것이라는 사실이다. 언어가 어긋났을 뿐, 존재는 그대로였다는 걸 나는 한참 후에야 깨달았다.

그렇게 '말'이 어긋나기 시작하면서, 나의 초등학교 시절은 서서히 빛을 잃기 시작했다. 말이 잘 통하지 않는다는 건 단순히 소리를 주고받지 못한다는 뜻이 아니었다. 마치 세상과 연결되던 가느다란 선이 조용히 끊긴 듯, 나는 『관계의 바깥을 서성이는 어린아이』였다.

시간이 흐르며, '말'에 얽힌 불편한 기억들이 한겹, 또 한겹 쌓여갔다. 지금 돌이켜보면, 나의 말에 대한 트라우마는 그 때 부터였다. 소통과 표현에 대한 내 안의 아린 감각은 아마도 그 시절에 이미 단단히 굳어졌던 것 같다.

『말은 마음의 모양을 담는 그릇이다.
그런데 마음그릇이 자꾸 깨지니,
그 안에 담긴 진심도 쏟아져 버렸다.』

그렇게 나의 서툰 진심은 제대로 상대에게 닿지 못 했다.
그래서였을까. 나는 '말'이라는 것을 점점 조심스러워 하기 시작했고, 때로는 그 조심스러움이 '침묵'이라는 이름으로 굳어지기도 했다.
하지만 묘하게도, 바로 그 불편한 말들 사이에서 나는 언어와 관계에 대한 감각를 배워갔다. 그리고 그 온도를 가늠하며,

사람과 사람 사이의 거리를 조금씩,
아주 조심스럽게 알아차리기 시작했다.

'사람' 이라는 책을
잘 읽고 싶었다.

희미한 먼지가 나풀대던 교실 창가에서, 어린 시절의 기억 하나가 불현듯 떠올랐다. 초등학교 5학년 때다.
교실에서 빗자루를 들고 있던 그 순간,
"민정아, 너희 집은 전세니, 월세니, 자가니?"

선생님의 질문은 마치 서툰 번역기처럼 딱딱하게 귓가에 꽂혔다. 어린 내게 그 단어들은 낯설었지만, 그 질문 속에 담긴 차가운 의도만큼은 희미하게나마 알 수 있을 것 같았다.

세월이 흘러 어른이 된 지금도 그런 질문들은 우리 주변에 여전히 맴돌고 있다. 마음의 온기를 뚝뚝 떨어 트리며 말이다.

결혼 하는 후배 앵커에게, 가깝지 않은 친구가 질문을 하더란다.
"집은 자가야? 남편은 무슨 일 해? 돈은 얼마나 벌어?" 같은 질문들.

마치 차가운 겨울바람처럼 상대의 마음을 얼어붙게 만든다. 꽃잎처럼 고운 두 청춘이, 서로의 손을 잡고 시댁과 처가를 찾아 인사를 드리는 길목에서, 어른이라 불리는 이들의 말은 때때로 철이 없다.

묻는 말마다 깊이가 얕고, 던지는 질문마다 온기가 부족하다. 청년의 인생을 헤아리기보다, 관습이라는 이름의 틀 안에서 맴도는 말들만 가득하다.

어른다움이란 나이를 먹었다는 뜻이 아니라, 마음의 성숙함을 입밖으로 낸다는 뜻인데. 어른이 그 따뜻한 언어 오솔길을 마련하지 못한다. 그래서 어여쁜 청년들은 더욱이 배울 길이 없다. 그저 그런 질문 하나 찾기 어려운 세태가, 아쉽고 쓸쓸하다.

꽃망울 같은 예비신부의 마음에 서리를 내리게 하거나, 두 주먹 불끈 쥐고 사회를 시작한 한 청년에 마음에 생채기를 낸다.
서글프게도 말에 날카로운 가시가 숨어있었던지.그 사람의 마음과 신념에 숨어 있었던지. 여전히 그런 말들이 우리 곁을 맴도는 걸 볼 때마다, 문득 생각에 잠기게 된다.

진짜 소통이란 과연 무엇일까. 말이라는 도구로 마음을 건넨다는 건, 그리 간단한 일이 아닐지도 모른다. 마치 오래된 책장을 한 장씩 넘기듯, 나는 어느새 사람의 마음과 관계라는 낡고도 깊은 주제를 더 오래 바라보게 됐다.

알고 싶었다. 이해하고 싶었다. 어쩌면 그건, '사람'이라는 책을 천천히 잘 읽고 싶은 마음이었는지도 모른다. 때로 어떤 질문들은 대화가 아니었다. 서로의 마음을 두드리는 말이 아니라, 그저 던지고 흘려 보내야 할 소리의 찌꺼기들이었다.

나이만 먹었을 뿐, 마음은 여전히 자라지 못한 누군가의 말들이었다. 그 말들에는 온기도, 성찰도 없었다.

겉만 어른인 이들이 쏟아내는 언어는 때때로, 입을 통해 나온다는 이유만으로 정당해 보일 뿐, 마음을 훼손하는 또 하나의 배설물일 수도 있다. 가장 더러운 말은, 가장 쉽게 나온다는 걸 우리는 종종 잊는다.

나는 점차 알게 되었다. 대화는 단순히 말을 주고받는 것이 아니라, 사람이라는 책을 천천히 읽어나가는 과정이라는 것을. 진정한 소통은 단어가 아니라,

이

렇

듯

질문의 태도에서 비롯된다.

걸어야 길이 된다 - 언어 오솔길 내딛기

그렇다. 수많은 말들 가운데, 정말 나누어야 할 대화는 결국 마음에 닿는 말이어야 한다. 진심이 전해지는 대화는 말하는 사람보다, 듣는 사람의 마음 상태를 먼저 살피는데서 깊어진다.

상대의 마음을 이해하려면 무엇보다 귀 기울이는 태도가 먼저여야 한다. 좋은 질문은 상대를 논박하거나 이기기 위한 수단이 아니다.

상대를 알고자 하는 마음에서 나온 말이야말로 관계를 이어주는 다리이며, 그것이 바로 '경청'이다. 때로는 말보다 침묵이, 주장보다 질문이 더 많은 감정을 끌어낼 때도 있다. 상대의 말에 담긴 감정을 조용히 읽어내고, 그 말 이면에 숨어 있는 의미를 헤아릴 수 있는 감각 그것이 바로 관계를 지키는 능력이다.
어떤 사람은 이것을 감정지능(EQ), 관계지능이라고 부르지만, 나는 그보다도 단순히, 사람의 마음을 헤아릴 줄 아는 능력이라고 말하고 싶다.

단 상대가 원치 않는 동정, 섣부른 시선이 아닌 성숙한 태도로의 헤아림이면 말이다. 혹시 당신 곁에도 '당신에게 애정이 있다면서 많은 말을 하는 사람이 있을까?' 근데 만약 그 말 중 대부분이 비난과 평가만 난무 해서 상처만 무덤같이 쌓여 버리면 말이다.

어쩌면 그는 신념이 강한 사람이기보다,
타인의 감정을 읽는 데 서툰 사람일 수 있다.

결국 말을 잘하는 것보다 중요한 건, 말 뒤에 숨은 마음을 이해하는 능력이다. 그게 어른스러운 언어다. 그리고 부디, 비정상적인 대화 속에서 너무 오래 허우적대지 않기를 바란다.

비 오는 날, 스쳐 지나가는 차에 튄 빗물처럼 누군가의 서툰 말 한 마디에 마음을 적셨다 해도, 그 장면을 평생 품고 살아가는 건 우리 감정에 너무 가혹한 일일 테다. 지나간 말은, 지나간 비처럼 흘려 보내도 괜찮다. 마음에 오래 새길 건 상처가 아니라, 따뜻한 말 한 줄이면 충분하다.
마음을 애처로이 적신 말들은 이제 과감히 닦아내고, 조용히 흘려 보내기로 했다. 모든 사람을 품을 수는 없어도, 나 스스로를 너무 오래 젖게 둘 필요는 없으니까.

그런 결심이 들 무렵, 나는 사람을 이해하는 공부를 시작했다. 커뮤니케이션에 관한 책을 읽고, 마음의 결을 다루는 심리학, 철학 책에 오래 머물렀다. 본래 철학을 좋아하기도 했지만, 그보다도 통찰은 내 삶에 생명줄처럼 꼭 필요했다.

타인을 이해하기 위해, 무엇보다 나 자신을 정확히 이해하기 위해서였다.

그렇게 천천히, 아주 천천히, 사람이라는 존재를 이해하고 싶었다. 이 글은 그 여정의 첫 조각이다. 그리고 이 글이, 말을 표현하는 것이 막막했던 과거의 나와 같은 이들에게, 마음이 덜 흔들리는 하루를 건넬 수 있기를 바라는 마음이다.

스스로 일으킨, 오해

회의실에서의 작은 순간들이 때로는 우리의 진짜 모습을 비추는 거울이 되곤 한다. 어느 날, 한창 회의 중이던 어느 순간. 모두가 휴식이 필요하다고 느낄 때였다. 언제나 처럼, 누군가가 말을 꺼냈다.

"커피 한 잔 하고 잠시 쉬었다 할까요?"

그때, 늘 과하게 친절하던 직원이 손을 번쩍 들며 말했다.

"제가 사오겠습니다!" 한다. 그 말이 진심에서 우러나온 것이라면, 그건 따스한 봄볕 같은 배려가 되었을 것이다.

하지만 바로 돌아서서 "또 나만 시키고…" 하며 한숨을 쉰다면, 그건 공허한 행동이 되고 만다. 마치 가면을 쓴 것처럼 말이다.

만약 속으로 "매번 잡스러운 걸 나 시키고 난리야. 커피까지 사다 줘야 하고, 지쳐서 못 해먹겠네."라고 생각했다면, 그건 과도하게 타인에게 잘 보이려는 불필요한 자청이다.

이럴 땐 스스로에게 물어봐야 한다.

『나는 왜 이런 감정에 끌려 다니는가?』

타인은, 그 과도한 행동에 도리어 불편함이나 미안함을 느낄 수도 있다. 물론, 그 직원의 친절이 늘 진심이었다는 진제 아래의 이야기다.

우리가 오래 함께 걸어가기 위해서는 서로를 건강하게 만드는 『진솔한 표현의 능력』이 필요하다. 우리의 과한 친절은 때로는 상대에게 부담이 된다. 적당히 달았으면 했던 차가 너무 달아서 마시기 어려운 것 처럼. 그렇게 상대의 마음을 불편하게 만들 수도 있다.

근데 어쩌면 그건 스스로 만든 부담이고, 잘못된 오해일 수도 있다. 사실, 타인은 각자 알아서 커피를 마시고 싶었을 수 있다.

"커피 머신은 있으니 알아서 마시고 오세요.
화장실도 다녀오시고요." 그 정도였을지도 모른다.
그래서 때로는 잠깐의 『여유』가 필요하다.

"제안 감사합니다. 언제까지 답변 드리면 될까요?" 이런 말에는 서로를 배려하는 『시간』의 향기가 담겨 있다.

"『좋은』 제안이지만, 이번에는 어려울 것 같습니다."

이 정중한 거절에는 상대를 존중하는 따뜻한 마음이 담겨 있다. 비록 좋은 제안이 아닐 수 있지만, 서로에게 안전한 쿠션을 표현해서, 적절하게 표현하는 예절이다.

결국 『건강한 거절』을 위해 우리에게 필요한 건, 진심과 표현 사이의 섬세한 균형이다. 너무 진하지도, 너무 맑지도 않은 적당한 농도를 찾는 것이 지혜가 아닐까.

걸어야 길이 된다 - 언어 오솔길 내딛기

알게 모르게, 타인을 향해 지나치게 적극적인 배려를 자처할 때가 있다. 하지만 내키지 않는 마음으로 하는 행동이라면, 그것은 진짜 친절이 아니다.

문제는 주변 사람들이 그 지나친 배려를 '다정함'으로 오해한다는 점이다. 그 결과, 오히려 타인을 나쁜 사람으로 만들기도 한다. 이처럼 자신의 감정을 희생하면서 타인의 요구를 받아들이는 태도를 심리학에서는 '과잉 수용성'이라 부른다.

반대로,
"일처리가 왜 이렇게 느려?"
"왜 그렇게밖에 생각 못 해?"
"답답하네."처럼 상대를 평가하거나 틀렸다고 단정하는 말들은 '과잉 통제적 태도'에 가깝다. 이 두 가지 행동은 전혀 달라 보이지만, 공통적으로 불안정한 자존감에서 비롯된다.

배려가 많아서도, 똑똑해서도 아니다. 지식은 있을 수 있지만, 관계를 푸는 지혜는 없다. 만약 거절이 어렵다면, 이렇게 말해보자.

"제안 감사합니다. 제가 언제까지 답변드리면 될까요?"
이처럼 시간을 확보한 뒤, 다음과 같이 완곡하게 정리할 수 있다.

"정말 좋은 제안이어서 고민이 컸지만, 현재 진행 중인 일과 병행하기엔 무리가 있을 것 같습니다. 다음 기회엔 꼭 함께 할 수 있기를 바랍니다."

태도에는 진심을 담되, 표현은 단정하고 따뜻하게 전해야 한다. 진심을 못 알아차려도 안 되고, 과하게, 혹은 무심하게 표현해서도 안 된다. 즉, 말은 감정을 실어야 하지만, 그 감정이 상대를 압도하지 않도록 조율되어야 한다.

너를 알아가기로 했다, 존중

한 철학과 교수님에게 물었다.
"한국은 정말 예의 바른 나라일까요?"
"타인을 평등하게 여기는 게 맞을까요?"

그의 대답은 새벽 공기처럼 차갑고도 선명했다.
"예의는 있지만, 철학적 평등은 뿌리내린 적이 없다고 봐야겠죠. 대한민국은 평등을 만들어가는 중입니다."

이 말은 오래된 거울의 먼지를 닦아내듯, 나에게 선명한 울림을 주었다. 우리가 당연하다고 여겨왔던 예의와 평등이라는 개념은, 어쩌면 실체 없는 환상에 가까웠을지도 모른다. 우리가 예의라 부르는 그것이 사실은 위계와 통제의 표현일지도 모른다는 것.

예의와 평등. 이 두 단어는 때론 서로 다른 방향을 가리키는 나침반처럼 충돌하기도 하고, 또 때로는 조심스레 균형을 이루며 새로운 지도를 그려 나간다.

우리는 종종 대한민국을 '동방예의지국'이라 부른다.
하지만 지하철에서 마주치는 날 선 시선들, 거리에서 스치듯 부딪히고도 "죄송합니다"라는 말조차 아끼는 사람들 사이의 공기는, 그 수식어를 무색하게 만든다. 마치 오래된 벽지가 들뜨듯, 사회 곳곳엔 예의의 빈틈이 켜켜이 쌓여 있다.

왜 우리는 그토록 "죄송합니다" 한마디를 꺼내기 어려워할까. 마치 자존심을 걸고 기싸움을 벌이듯, 서로가 한 발 물러서기를 꺼리는 태도.

도서관 문 앞에서 양손 가득책을 든 채 혼자 문을 열려 애쓰는, 그 고집스러움과 닮아 있다. 현재 MZ세대는 평등과 존중을 문화에서 뿐만 아니라, 언어 속에서도 갈망한다. 그들은 낡은 표현은 과감히 벗어던지되, 그 안에 담긴 진정한 가치는 지켜내려 애쓴다.

진정한 예의란, 타인을 나의 연장선이 아닌, 완전한 독립체로 대하는 자세다. 그리고 '평등'이라는 말이 우리 사회에 제대로 자리 잡으려면, 먼저 자신을 대하는 태도부터 달라져야 한다.

스스로를 존중하는 사람만이 타인을 있는 그대로 존중할 수 있기 때문이다. 이렇듯 언어에 존중이 깃들어야, 문화가 피어난다.

마치 정원의 꽃을 가꾸듯, 각자의 고유한 색과 향을 존중하며 마주하는 것. 특히 가장 가까운 관계 속에서 가족, 연인, 부부 사이에서도 이런 태도를 지켜낼 수 있다면, 그것이야말로 성숙한 관계의 출발점일 것이다.

걸어야 길이 된다 – 언어 오솔길 내딛기

안전한 대화와 평등의 대화는 공기와 같다. 둘 사이의 상호작용을 통해 비로소 형성된다. 혼자만의 노력으로 맑아질 수 없다. 두 사람이 주고받는 숨결처럼, 상호 간의 섬세한 감응이 필요하다.

즉, 대화는 두 사람이 주고받는 감정과 태도 속에서 만들어진다. 진정한 존중은 말투의 형식보다 마음의 태도에서 비롯된다.

반말을 해도 존중이 담길 수 있고, 존댓말을 쓰면서도 무례할 수 있다. 결국 중요한 건 말의 겉모습이 아니라, 말에 담긴 의도와 태도다. 미국의 대학 문화를 보면 이를 더 분명히 이해할 수 있다. 그곳에서는 교수와 학생이 서로를 이름으로 부른다. 이것은 단순한 호칭의 문제가 아니라, 지위나 나

이와 무관하게 인간 대 인간으로 대하는 평등한 관계의 태도를 보여준다.

"존, 방학 잘 보냈어?"
"민정, 한국 다녀왔니?"

이처럼 자연스러운 인사에는 지위와 나이를 넘어서는 안전한 타인에 대한 인정이 흐른다. 안전한 대화를 위해 필요한 것은, 형식적인 언어를 넘어 『상대를 동등한 인격체』로 인정하는 마음가짐이다.

존칭의 유무보다 더 중요한 것은, 그 언어에 어떤 진심어린 태도가 담겨 있는가 하는 점이다.

말을 놓았다고 해서 존중까지 놓은 것은 아니다.
존댓말을 쓴다고 해서 진정한 배려가 담긴 것도 아니다.

상대를 '평생 내가 알아가야 하는 존재'라고 생각하고, 그 사람에 대해 알고자 하는 궁금함과 존중의 태도를 가질 수 있다면, 그것이 곧 『성숙한 언어의 출발점』이 될 것이다.

그야말로 우연히 스며드는 것, 사랑

사랑이란 참 묘한 여정이다. 기차역 플랫폼처럼, 누군가에게는 그저 지나치는 정거장이 되고, 또 다른 누군가에게는 인생의 종착지가 된다. 우연히 엮인 실타래가 서로의 삶을 휘감아 엉키게도 하고, 또 그 휘감음 덕분에 서로를 더 단단히 지지해주기도 한다.

그래서 인연으로 시작했지만 필연이 되지 못한 관계는 결국 흩어지고, 단 몇 개의 필연만이 부부라는 이름으로 남는다. 불교에서 말하는 시절인연. 그것은 바로 그때, 그 자리에 있어야만 했던 운명 같은 순간을 말한다. 봄이 와야만 피는 꽃처럼, 그때가 아니면 만나지 못했을 인연.

시절인연으로 만났더라도, 그 만남을 필연으로 이어갈 수 있을지는 오롯이 각자의 몫이다.

내가 기억하는 몇 번의 사랑도, 결국은 '인연'이었다. 그중 '사랑이었다'고 기억할 수 있는 경험은 두 번뿐이다. 첫 번째 사랑은 3년여의 시간을 함께 걸었지만, 중간에 내려야 했던 기차 여행이었다.

당시 그가 내게 건넨 말,
"민정아, 박사는 절대 하지 마."

그 한마디가, 달리던 기차에 비상정지 신호가 켜진 것처럼 모든 걸 멈추게 했다. 마치 내 인생이라는 밥그릇을 누군가가 덥석 잡아채 버린 순간이었다.

그때 알았다. 이 인연은 결코 필연이 될 수 없음을 말이다. 내게는 상대와 그 인생을 존중하는 태도가 무엇보다 중요했다. 그것이야말로 나에게 사랑의 방향을 정해주는 관계의 나침반이었다.

돌이켜보면, 그것이 어쩌면 진짜 '시절인연'이었는지도 모른다. 그 시점에서 끝나야 했고, 나 다운 길로 나아가게 해준 인연 말이다.

두 번째 사랑은 전혀 다른 빛깔을 지녔다. 마치 깨진 거울 조각을 들여다보듯, 그의 부서진 모습 속에서 내가 채워줄 수 있는 빈자리를 발견했던 것 같다.

당시 철학자 강신주의 책을 읽으며, 스피노자가 나눈 48가지 감정 중 하나인 '연민'이라는 단어 앞에서 멈춰 섰던 기억이 난다. 그래, 그 감정이 바로 내가 그에게 느꼈던 것이었다. 그의 부러진 날개를 보며 내 어깨를 내어주고 싶었고, 그가 기대올 때마다 나는 든든한 기둥이 된 것 같아 뿌듯했다. 타인이 내게 기대어야만 존재감을 느끼는 일종의 착각이었다.

그것은 『사랑』이 아니라 『연민』이었다. 그제야 비로소 깨달았다. 내가 왜 그를 붙잡고 있었는지. 7년이라는 긴 시간 동안, 내가 기울인 관심과 사랑은 늘 허공으로 흩어졌다.

모래를 움켜쥐듯, 아무리 애써도 손가락 사이로 흘러내리기만 했다. 그의 무심한 눈빛 속에서, 함께 자라지 못할 나무의 운명을 본 것이다. 그래서 나는 그 손을 놓기로 했다. 깨끗이.

우리는 서로의 '연인'이기 전에 '사람'이다. 사랑이란게 묘해서, 연인이 되기 전에 사람이라는 사실을 우리는 자주 잊는다. 사랑이란 저울처럼 서로 주고받는 것이 균형을 이루어야 하는데, 그것이 참 어렵다.

"굳이 왜 균형을 이루어야 하느냐"고 묻는다면, 우리는 모두 사랑받고 싶고, 보호받고 싶은 존재이기 때문이다. 단 한 사람에게라도 온전하게 말이다.

고마움을 기억하고, 미안함을 표현하고, 서로를 축하하고 지지하며, 힘들 땐 기댈 어깨가 되어주는 일. 이것이야말로 사랑이라는 것을, 나는 이제야 안다. 한쪽이 주기만 하고, 다른 한쪽이 받기만 하면결국 저울은 기울게 된다. 이 '주고받음'은 물질이 아니라 '마음'이다. 표현하고, 배려하고, 시간을 내고, 스킨십을 나누는 감정의 밸런스다.

사랑받기를 보물찾기처럼 여겨, 깊이 묻힌 보물을 찾도록 상대방을 헤매이게 만드는 일은 결코 사랑이 아니다. 우리에게 주어진 시간은 유한하다. 돌아오지 않는 시간과 다시는 되돌릴 수 없는 관계이다.

그러니 사랑을 시작하려 한다면, 하루하루가, 한마디 한마디가, 얼마나 소중한지 알고 시작하길 권한다. 그것이 진짜 사랑이다. 그리고 사람,사랑의 심리에 대한 이해도 해가며 책임 있게 사랑했음 한다.

걸어야 길이 된다 – 언어 오솔길 내딛기

인간은 마치 두 개의 수레바퀴를 단 마차와도 같다. 겉으로 반짝이는 건 '이성'이라는 바퀴지만, 실상 마차를 굴리는 힘은 '감정'이라는 보이지 않는 바퀴에서 온다. 우리는 흔히 이성이라는 투명한 유리창 너머로 세상을 바라본다고 믿지만, 그 아래에는 감정이라는 물결이 흐르고 있다.

깊은 우물처럼 어둡고 조용한 무의식의 심연 속에서, 우리의 모든 행동은 감정에 의해 움직인다. 그제야 우리는 논리와 이유라는 이름으로 그 감정을 뒤늦게 설명할 뿐이다.

게리 채프먼(Gary Chapman)의 '5가지 사랑의 언어'가 한국에 소개된 지는 오래되었다. 박사는 이 다섯 가지 중 어느 하나라도 균형이 무너지면 사랑하는 관계는 이혼이나 이별을 겪는다고 한다. 그래서 이전 연애를 떠올려 보면 어떨까 싶다.

지난 나의 헤어짐은 다음 다섯 가지 중 어떤 언어가 부족했는지 조심스레 짚어보는 것, 그리고 반대로 그는 왜 나를 떠났던 걸까 짐작해 보면 어떨까? 회상이라는 아픈 도구가 성숙이라는 답을 줄지도 모르니 말이다.

첫째는,
인정하는 말(Words of Affirmation)이 서로간 필요하다. 이것은 진심에서 우러나는 칭찬과 지지의 말이다. 분명 마음이라고 하지 않는다. 표현하는 에너지 말이다.

"당신이 있어 참 다행이야."
"당신이라는 존재만으로 위로가 돼."
이런 말들은 듣기만 해도 마음을 훈훈하게 덮어준다.

둘째는,
스킨십(Physical Touch)이다. 포옹, 손을 잡는 일, 다정한 눈빛과 끄덕임까지 이 작은 부분은 큰 힘을 가진다. 말로는 다 담지 못하는 감정을 비언어로 전하는 방식이다. 작은 접촉이 쌓이면 믿음이 되고, 믿음은 사랑이 된다. 어느 이혼 프로그램에서 상대방의 일방적인 스킨십 방어가 파트너의 존재도 부정하는 의미가 된다고 말하는 것을 우리는 많이도 들어봤을 것이다. 이는 부부간 이혼까지 이르게 한다고 한다. 근데 만약, 이런 작은 행동들의 소소하지만 소중한 의

미를 미리 알고 지켜가면 어땠을까?

셋째는,

봉사(Acts of Service)라는 공동체에 대한 희생하는 태도이다. 이는 상대를 위해 기꺼이 무언가를 해주는 마음을 말한다. 상대가 아파 누워 있을 때 아무런 배려 없이 외면한다면, 그 사랑은 이미 위태롭다.

손을 내밀고 도와주는 행동은 말보다 더 깊은 메시지를 전한다. 요즘 뉴스에 신혼초 자녀가 세 살이 되기전에 이혼율이 증가하고 있다고 한다. 서로를 돕고 지지해야 할때이고, 서로의 희생이 능동적으로 필요한 인생의 순간일테다. 그때 만약 양육을 한 명의 책임으로 전가해 버린다면 어떻게 될까?

엄마라는 한 여인의 인생에만 모든 희생을 요구 하는 경우, 그 여인은 남편의 사랑을 알아챌 수 있을까? 우리 서로 공평하게 혹은 내가 더 희생할 준비가 되어있을까 묻고싶다.

넷째는,

선물(Receiving Gifts)이 주는 관계의 유연제 같은 역할이 있다. 심리학적으로, 사람은 마음이 담긴 작은 선물 하나로도 큰 위로 받을 수 있다고 한다. 시댁 일로 지친 아내에게 조용히 건네는 꽃 한다발이, 상품권 한 장이, "당신 힘들었지"라는 말보다 더 따뜻하게 닿을 때도 있다는 걸 우리는 알았을까?

다섯번째,
함께하는 시간(Quality Time)이다. 친구든 가족이든 연인이든 의미 있는 시간을 함께 보내면, 어떤 맘을 상대에게 전달할 수 있을까?

시간, 그건 온전히 상대에게 집중하는 매우 강력한 사랑 표현이 된다. 누군가의 시선과 시간을 온전히 받는 것만으로도, 우리가 사랑받고 있다는 감정은 선명해진다.

가끔 이혼 프로그램에 나오는 말이다.
"당신이 가족한테 돈만 가져다 줬지. 언제 시간을 내주고 사랑을 표현했니?!"
이런 원망의 말을 간접적으로 들어봤을 테다. 그렇다면 나는 말이다. 어떨까? 이 다섯 가지 언어는 계절처럼 흐른다. 누군가는 봄과 여름만 알고, 또 다른 누군가는 겨울과 가을만 안다.

사랑이 고통이 되는 이유 중 하나는 이 계절의 흐름을 서로 읽지 못하기 때문이다. 내가 겨울을 건네는데 상대는 봄을 기다리는 것처럼, 서로 다른 시기에 다른 계절을 주고받으며 어긋남이 생기고, 그 어긋남이 때로는 상실이 된다.

사랑은 결국 서로의 계절을 세심히 알아가는 과정이다. 우리의 뇌는 이 감정의 흐름을 이해할 때 더 나은 선택을 할 수 있고, 더 깊은 관계를 만들 수 있다. 진정한 사랑의 지혜는 『상대의 마음에 맞는 언어』를 찾고, 그 사랑의 계절에 알맞은 『표현』을 건네는데 있다. 한 계절만 강요하는 일을 하지 않는 것 말이다. 감정을 오해 없이 나누고, 서로 다른 온도를 이해하며 사랑을 가꾸어 가는 것. 그것이야말로 오래도록 따뜻한 관계를 지켜내는 길이다.

과학자들은 인간의 뇌를 '헛 똑똑이'라 부르듯, 인간의 감정은 무의식이라는 깊은 바다 속에서 때로는 잔잔하게, 때로는 거칠게 출렁인다. 이 바다의 흐름을 이해하는 순간, 우리는 비로소 내 삶의 항해에서 더 나은 선장이 될 수 있다.

타인을 이해한다는 것도, 결국은 그 보이지 않는 바다를 조심스레 함께 건너는 일 아닐까. 건강한 식단을 위해 계절마다 다른 채소와 과일을 챙기듯, 진정한 사랑의 지혜란, 나와 다른 상대의 마음에 꼭 맞는, 언어와 감정 표현을 찾아내서 내언어로 익히는 것이다.

우리 서로 다른 사람이 마주하며 오해없는 언어로 사랑이라는 바다를 건너는 노력이 없이는 결이 좋은 사랑이 존재하기 어렵다.

그래서 나는 좋은 사랑이란, 좋은 사람이 되가는 길이면서

동시에 스스로의 인간성에 대한 도전이고, 결심이라고 믿는다. 그렇게 우리는 '조율'과 '노력'으로 사랑의 따뜻함을 지켜낼 수 있다.

제2장

경_청,
마음을 읽어내는 것

그녀의 말에는 온도가 있었다

고 백남준 씨가 박사학위를 받았던 모교, 뉴욕에서 석사 과정을 시작하던 때였다. 첫 수업 날, 갑작스럽게 교실이 변경되어 나는 한참을 헤매고 있었다. 그때 누군가 먼저 다가와 선뜻 말을 걸어왔다.

"오늘 교실이 바뀐 것 같은데,
혹시 John 교수님의 강의실을 찾고 있나요?"

인상 깊었던 건, 그녀가 마치 '느리다'고 느껴질 만큼 천천히, 그리고 아주 또박또박 말했다는 점이다. 아마도 동양인의 외모를 가진 나를 보고 건넨, 따뜻한 배려였으리라.
토플 시험을 통과하고 합격까지 했지만, 영어는 늘 나를 이방인으로 만들었다.

그런 내게 그녀의 말은 유난히 다정하게 다가왔다.

강의실을 찾아 문을 열고 들어서니, 복도에서 마주쳤던 그 여성이 자리에 앉아 있었다. 그녀와 나는 같은 수업을 듣게 된 것이었다.

또 한 번 인상 깊었던 건 자기소개 시간이었다. 그녀는 복도에서 내게 건넸던 부드러운 말투와는 달리, 또렷하고 당당한 어조로, 보다 빠른 속도로 자신을 소개했다.

"저의 본래 직업은 변호사이고, 지금은 꿈꿔오던 예술을 공부하러 이곳에 왔습니다."

그녀의 소개를 들으며 나는 문득 생각했다. '그녀가 변호사였던 시간이, 그녀의 발화 온도에 고스란히 담겨 있구나.' 나는 고개를 끄덕이며 확신을 느꼈다.

걸어야 길이 된다 – 언어 오솔길 내딛기

오한이 들은 겨울 날 누군가 내게 김이 모락모락 나는 믹스커피 한잔을 건넸다. 늘상 안 마시던 그 믹스커피의 따뜻함이 그날따라 유난했다. 이렇듯 누군가 건내 준 대화에도 적절한 시기와 온기가 필요하다. 말에도 마음을 데우는 온도가 있다.

그래서 말 또한 상대의 마음을 천천히 녹일 수 있다. 이런 말의 온도를 결정짓는 건, 첫째, 누구와 둘째, 어떤 시간에 셋째, 어떤 정황을 고려하여 이야기를 나눌 것인가이다.

마치 봄날 꽃이 피기 위해 햇살과 바람이 어우러져야 하듯, 대화에도 알맞은 때와 분위기가 있다. 예민한 날에는 기다려주는 것도 하나의 배려다. 말보다 기다림이 더 큰 이해가 될 수 있다.

삶이 무거운 날엔 누구나 숨 고르기가 필요하다. 그럴 땐 억지로 다가가기보단, 햇살 가득한 오후처럼 자연스러운 타이밍을 기다리는 게 좋다.

"여보, 우리 와인 한 잔 할까요?"

이 짧은 말이 마음을 무장해제시키는 시작이 된다. 소중한 사람과의 대화도 향 좋은 커피를 내리듯 정성을 담아 준비해야 한다. 반가운 친구를 만났다고 다짜고짜 "지금 너희 집에 가서 술한잔 하자!" 하면 당황할 수밖에 없다. 대화 역시 상대의 상황과 마음을 먼저 살펴야 한다.

예를 들어, 퇴근한 남편에게 "여보, 할 말 있어. 앉아봐."라는 말은 말을 꺼내기도 전에 긴장과 부담을 안긴다. 그보다는 "이번 주말에 캠핑 갈까?" 처럼 분위기를 먼저 푸는 말이 마음의 문을 열기 좋은 시작이 될 수 있다.

그렇게 여유로운 분위기 속에서야 "당신 말투가 짜증난 것처럼 들려서 속상했어. 혹시 오해일지도 모르지만 그 이야기를 꺼내고 싶었어." 라고 『조심스럽게』 말할 수 있다. 물론 아무리 좋은 멘트도, 말투가 뾰족하거나 냉소적이면 충고나 비난으로 들리게 마련이다. 그러면 대화는 벽에 부딪히고, 상대는 마음을 닫는다.

"이게 더 좋지 않니"라는 충고,

"내가 널 너무 잘 알아서"라는 조언,

"나 무시한 거 잖아"라는 판단,

"넌 이기적이야" 라는 평가,

"네가 먼저 기분 나쁘게 했잖아," 라는
합당함을 가장한 자기합리화,

"지난번에도 그러더니,"

"또야" "자기 매번 그러더라"… 시점 비교,

"이전 여친은 안 그랬어"라는 타인 비교,

혹은 "그래서, 뭔 얘기를 하고 싶은건데?" "그래서, 요점이 뭔데?"같은 단절을 부르는 표현, 이 일곱 가지는 대화를 방해하는 '어둠의 습관'이다. 즉, 우리가 대화 속에서 반드시 내려놓아야 할 습관이다. 그것들이 자기도 모르게 우리를 '꼰대'로 만들기 전에 말이다.

불편한 타인은,
불편한 말로 다가온다.

토플이라는 첫 관문은 넘었지만, 실제 삶 속의 영어는 안개 속을 걷는 것처럼 희미했다. 글쓰기와 문법은 그럭저럭 풀 수 있었지만, 말소리는 마치 흘러내린 물처럼 잡히지 않았고, 말하기는 더욱 아득한 산봉우리 같았다.

밤새 과제에 눈을 붉히고 나면, 그나마 가물가물 들리던 영어도 점점 멀어져만 갔다. 그때 내게는 한 줄기 빛 과도 같은 구원자는 바로 작은 녹음기였다. 그날도 무력하게 녹음기를 켜놓고 수업을 듣고 있었다. 그치만 쏟아지는 과제 속에서 녹음된 수업을 다시 듣는다는 건 언감생심이었다.

교수님의 목소리는 마치 물속을 헤엄치듯 멀고 아득했다. 나는 그 목소리를, 녹음기라는 허상 같은 안전망에 기대어

겨우 붙잡고 있었다. 어느날, 수업이 끝나갈 무렵, 늘 그렇듯 무심히 녹음 버튼을 끄려던 순간, 차가운 겨울바람처럼 외마디가 들렸다.

말을 건넨 이는, 백인 여학우였다. 그녀는 심지어 백인 학생들조차 선뜻 다가가기 어려워하는, 다소 날이 선 분위기의 인물이었다.

"민, 넌 왜 녹음을 해?"
그녀의 목소리에는 얼음장처럼 차가운 조롱이 담겨 있었다. 그 질문은 예상치 못한 불쾌감을 안겼다. '넌 영어를 한 번에 알아듣기 힘든 거야? 이를 어쩌니. 고생 좀 하겠네.' 내겐 이렇게 들렸다.

순간, 내 자존심은 마른 낙엽처럼 힘없이 바스라졌다. 모국어가 아닌 언어로 살아가는 이방인의 고단함이, 그녀의 눈엔 단순한 조롱의 소재로 비쳤다. 불쑥 솟구친 분노는 쓰디쓴 커피처럼 목구멍을 타고 올라왔다. 나는 조심스럽게 입을 열었다. 마치 오래된 서랍을 여는 듯 신중하게, 그러나 꽃다발 속에 숨은 칼날이라도 꺼내 듯 날을 세워 되물었다.

"넌 외국에서 공부해본 적 있어?"
"너는 제2외국어, 세컨 랭귀지(second language) 뭐야?"
그녀가 나의 질문 의도를 알아 차린 걸까.
순간 당황하는 듯 헐거운 변명을 내어 놓는다.

스스로 던진, 좋지 않은 의도가 낳은 질문이였고, 그 답변은 그녀의 눈빛을 불안하게 흔들었다. 지금 돌이켜보면, 그 순간 내 눈빛과 태도는 마치 서늘한 가을바람처럼 차가웠던 것 같다. 말로는 하지 않았지만, 내 눈빛은 이렇게 말하고 있었다.

"보이지 않니? 나는 지금 제2외국어로 살아가며 이 낯선 땅에서 유학 중이라고! 네가 겪어보지 않은 이 고된 여정을, 그렇게 가볍고 무례하게 말하지 마." 그 순간은 내 인생에서 가장 차갑고도 당당했던 시간이었다. 마치 오래 숨겨왔던 마음속 날을 단 한 번, 조용히 꺼내 든 듯한 감각이었다.

놀랍게도, 시간이란, 감정의 거친 결을 천천히 다듬는 힘이 있다. 어느덧 시간이 흘렀고, 이제와 그 순간을 다시 떠올리면 전혀 다른 풍경이 보인다. 지금이라면, 그때와는 다른 방식으로 말했을 것 같다. 차분하고 부드러운 어조로.

"아, 나 힘든 걸 알아 챘구나. 혹시 나 좀 도와줄 수 있을까?" 혹은, "설마 나 놀리려 한 말은 아닌거 같은데… 혹 돕고 싶어서 물어본 거라면, 그 마음 고마워." "듣다가 이해가 안 되는 부분이 있으면, 나중에 도움을 구해도 괜찮을까?" 이렇게 이야기하며, 그녀가 스스로 빠져나갈 수 있는 작은 출구 하나쯤은 내어주었을 것이다. 상대의 나쁜 의도를 알고도 모르는 척 따뜻하게 질의 하는 데는 나름의 이유가 있다.

내 말로 상대가 혹시라도 민망해서 죽을 것 같고 아차 싶다면, '당신, 민망하지? 내가 모른 척 할테니, 내 말 중에 긍정적으로 해석된 것 하나를 잡고 그 곳을 빠져 나와도 안전할꺼야' 정도의 의미다. 그리고 이 수치심을 기억하고 그 말, 마음에 머물지마 정도다.

누구도 완벽할 수 없다. 우리는 모두 미완의 악보처럼, 매일 새로운 음표를 덧붙이며 살아가는 존재다. 나 역시 어제의 나보다 오늘 한 걸음 더 나아가려 애쓰는 중이다. 이렇게 시간이 만들어준 나의 여유는 말에도 새겨진다. 유학 때와는 분명 다른 말의 여유다.

시간은 그렇게, 우리를 조금 더 부드럽고 깊이 있는 사람으로 만들어간다. 오래된 나무에 나이테가 새겨지듯, 고통과 배움은 우리 안에 단단하고도 아름다운 무늬를 남긴다.

걸어야 길이 된다 – 언어 오솔길 내딛기

무례함은 때로 단단한 벽처럼 우리 앞을 가로막는다. 하지만 그 벽에 정면으로 부딪히기보다는, 물처럼 부드럽게 흘러가는 법을 배워야 한다. "혹시 내가 영어를 잘 못 알아들을까 봐 걱정된 거야?" 맑은 눈빛으로 그렇게 되묻는다.

상대의 가시 돋친 의도를 모른 척, 마치 갓 핀 봄꽃처럼 순수하게 알고 있지만 모르는 척. '설마, 우리에겐 인격이 있는데…'라는 묘한 뉘앙스를 남기며 그렇게 말이다.

질문은 평화롭다. 상대의 못된 의도는 보지 못한 듯, 순수한 믿음으로 가득 찬 눈빛을 건넨다. 상대의 잘못된 말에도, 그 사람이 빠져나갈 수 있는 작은 출구를 남겨주는 것. 이것이 바로 '쥐구멍을 마련한 화답'이다. 마치 밤하늘의 별빛처럼 순수하게, 이슬처럼 맑게 응답하는 것.

그러면 상대는 자신의 작은 악의가 부끄러워질 테니 그 시간을 믿음으로 기다려 주는 태도다. 때로는 이런 순진무구한 대응이, 날카로운 칼날보다 더 강력한 힘을 가진다. 부드러운 물방울이 단단한 바위를 결국은 뚫어내듯이, 이렇게 쌓인 신뢰는 제법 안전하다. 상대도 나도 함께 보호할 수 있다.

근데 만약, 이렇게 해도, 또 못 알아 들은 척하며 상대가 무례함을 행한다면, 그만큼 문화와 마음 질이 안 좋은 사람임을 알아 차리면 된다. 마음이 잡스러운 그런 사람과 뭔가를 조심스레 맞출 일은 없는 게 또 지혜다.

즉, 상대를 지혜롭게 알아봤다면 스쳐갈 결단도 우리 어른의 몫이다.

당신의 말이 나를 휘둘렀을까

첫 만남의 무게

어느 봄날, 내 앵커 후배는 예비 시댁을 향해 발걸음을 옮겼다. 마치 오래된 영화의 한 장면처럼, 그날의 기억은 아직도 그녀의 마음속에 선명하게 남아 있다고 했다. 첫 인사를 드리기 위해 자리에 앉자, 시아버지가 될 분은 마치 서류를 검토하듯 그녀를 위아래로 훑어보았다고 한다.

"자네 차가 신찬가, 중고찬가?" 불쑥 날아든 그 질문은 마치 겨울바람처럼 싸늘하게 그녀를 스쳤다. 이어진 말은 더 직접적이었다.

"내 아들이 외제차를 이번에 사려다 말았네." 당황스러움을 꾹 누르며 그녀는 침착한 미소로 응대했다. "아… 아버님, 신차입니다."

하지만 그 대답은 곧 다음 질문을 불러왔다.

"그럼, 몇 개월 됐나?"

그제야 후배는 이 자리가 환대의 자리가 아니라, 은행의 대출 심사장처럼 느껴졌다고 했다. 그녀의 외제차는 단순한 이동 수단이 아니라, 집안의 경제력을 가늠하는 기준으로 읽히고 있었다. 때로는 가장 사적인 만남조차 냉철한 계산의 자리처럼 느껴지는 순간이 있다. 그날의 첫 인사는 따뜻한 말보다 차가운 숫자와 평가로 채워졌다.

"신차를 살 수 있는 능력이라면, 내 아들과 결혼해도 되겠구나." "그 정도 재력이면 앞으로도 기대해볼 만하겠어." 그런 말은 직접 들은 건 아니었지만, 그날의 대화는 마치 보이지 않는 저울로 그녀를 재는 듯한 느낌을 남겼다. 그녀는 끝까지 침착하게 응답했지만, 그 짧은 대답으로는 얼어붙은 분위기를 바꿀 수 없었다. 차 한 대는 어느새 그녀의 인생과 배경, 그리고 결혼을 앞둔 사람의 '가치'를 가늠하는 상징이 되어 있었다.

그날 이후, 예비 시아버지의 말은 가끔씩 불쑥 떠오르며 그녀를 멈춰 세우곤 했었다고 한다. 청춘의 한복판, 축복받아야 할 자리에 던져진 그 말들은 시든 꽃잎처럼 조용히 마음 바닥으로 흩날려 내렸다. 우리가 바라는 가족의 모습은 사람마다 다르다.

어떤 가족에게는 '재력'이 훈장처럼 여겨지고, 또 어떤 가족은 재력이 있으면 좋지만 없어도 충분하다고 여긴다. 물론 재력이 꼭 행복의 조건은 아닐지라도, 때론 삶을 덜 팍팍하게 해주는 바람막이처럼 느껴질 때도 있다. 우리는 퇴근길, 대부분 빼곡한 인파 속을 뚫고 집으로 발길을 재촉한다. 그러면 나직하게 가족이 내게 말을 건넨다.

'오늘도 수고 많았어… 애썼어."
살아가면서 우리는 누군가가 나의 고된 삶을 응원하고 위로하는 그 따뜻함을 기대한다. "오늘은 얼마를 벌었니?…" 라는 소리를 듣고 싶은 사람은 설마 없을 테다. 이렇듯 그 앵커 후배에게도 가족이란 그런 풍경일 것이다. 따뜻한 시선 하나, 말없이 건네는 온기 하나. 그 작은 온정이 하루를 버티게 해주는, 가장 소중한 위안의 풍경일지도 모른다. 그녀가 듣고 싶은 질문은 그런 게 아니였을것이다.

걸어야 길이 된다 - 언어 오솔길 내딛기

말의 무게, 관계의 품격

예비 가족이라는 관계는 갓 피어난 여린 새싹과 같다. 설령 그 인연이 이어지지 않는다 해도, 우리는 서로의 기억이라는 정원 속에 잠시 머물렀던 시간을 아름답게 가꾸는 성숙함이 필요하다. 그날, '관계'라는 화분에 '예절'이라는 물을 부어 주었더라면, 어쩌면 다른 꽃이 피어났을지도 모른다.

언어는 결코 쏟아지는 비처럼 무심하게 흘러나와서는 안 된다. "그 차, 신찬가 중고찬가?" 이런 질문 하나에도 말하는 이의 태도와 내면의 무게가 담긴다. 관계와 예절을 헤아릴 줄 알았다면, 그 말은 아마 혀끝에서 머뭇거리다 사라졌을 것이다.

즉, 가족이 될 '관계'를 고려하고, 첫 자리에서 상대의 부와

명예를 질문 하는 게 '예절'이 아님을 알아차리고, 능력에 관한 '양'에 대한 질문 보다는, 사람 가치를 나누는 '질'에 초점을 맞췄으면 얼마든지 좋은 대화가 오고갔을 것이다. 이 네가지는 영국의 언어철학자 폴 그라이스(Paul Grice)가 '대화의 원칙'에서 말한 부분이다.

이 네 가지가 조화롭게 어우러질 때, 비로써 말은 사람과 사람을 따뜻하게 이어주는 다리가 된다. 결국, 말의 무게는 언제나 관계 속에서 드러난다. '언품(言品)'이란 바로 그 지점에서 시작된다. 말을 한다는 것은 단순한 정보의 전달이 아니라, 사람과 사람 사이의 온도를 조율하는 일이다.

즉, 전달이 아니라 도달이여야 하고, 정보가 아니라 공감과 공명이 일어야 한다. 관계 온도가 필수적이라는 말이다. 한겨울에 욕조에 물 온도를 세심히 맞추듯, 말에도 상대의 온도를 살피는 섬세함이 필요하다. 말 한마디가 마음에 온기를 주기도 하고, 때론 싸늘한 벽이 되기도 하기 때문이다.

도시의 신부가 처음 시댁을 방문하는 날, 그녀의 마음속엔 수많은 물음표가 피어난다. 그러나 순수한 궁금증인지, 욕망에 찬 의도인지도 구분하지 못한 채 던져지는 질문,

"노후 준비는 어떻게 하고 계신가요?"란 말은, 서랍 깊숙이 고이 접어둔 편지처럼, 꺼내지 않아야 할 이야기일지도 모른다. 관계란 알면서도 모르는 척하는 여유에서 깊어지고, 알

고 싶어도 묻지 않는 기다림에서 자란다. 언어의 품격은, 얼마나 많은 말을 하느냐가 아니라, 언제 어떤 말을 '하지 않는가'도 중요하다.

모르는 듯, 수용의 미학
마음의 힘을 기르는 일은 수용이라는 기다림에 익숙해 지는 힘이다. 흠집난 자리를 억지로 갈아내기보다는, 맑은 물로 조심스레 감싸 안는 여유. 그것이 관계의 날카로움을 부드럽게 만드는 지혜다.

차의 가격이나 집의 크기를 묻는 질문은 마치 겨울 새벽의 서리처럼 금세 사라질 사소한 것들이다. 정작 중요한 것은 그 안에 깃든 사람의 마음, 삶의 태도, 존재의 깊이이다. 그런 것들이 더 중요하다는 사실을 자각하는 순간, 우리의 마음 풍경은 더없이 맑아진다. 누군가 나에게 물음표를 던진다면, 나는 오히려 인품이라는 삶의 가치를 이야기하고 싶다.

혹여 누군가 외적인 것들에만 마음을 빼앗겨 있다면, 그것은 마치 얕은 웅덩이에 비친 하늘을 진짜 하늘로 착각하는 것과 같다. 나는 그런 착각을 애틋하게 바라보되, 그것 역시 삶의 한 풍경으로 받아들여줄 여유는 있다. 이해란 시간을 들여 천천히 우러나는 마음이다. 어떤 날엔 씁쓸한 감정이 먼저 떠오르고, 또 어떤 날엔 그 속에서 잔잔한 온기가 피어나기도 한다. 우리는 서로를 우려내며 '이해'라는 차를 함께 마신다. 마치 오랜 시간 정성껏 빚어진 술이 깊고 그윽한 풍미를 품듯이.

그렇게 나는 나와 너, 그리고 우리 사이의 다름을 천천히 이해해가는 길을 걷고 싶다. 마치 오래된 정원의 돌계단을 오르듯, 한 발 한 발 조심스럽고 단단하게. 그 길 끝에서 피어날 언어의 품격, 그것이 진정한 '사람다운 말'의 시작일 것이다.

관계의 실마리, 말투

대화의 다리를 놓는 법

"대표님, 요즘 배기 패션이라는 트렌드가 유행이라고 하던데요?" 조심스럽게 던진 말이었다. 잔잔한 물결처럼 대화의 실마리를 놓아보려 했던 첫마디는, 뜻밖에도 돌처럼 무겁고 단단한 답으로 돌아왔다.

패션계의 내로라하는 대표이사라는 그녀는 차갑고도 시비조의 말투로 대답했다. "글쎄요, 저는 그런 건 모르겠고요. 알고 싶지도 않습니다. 패션 유통 장사치라 그런 건 제 알 바 아닙니다." 그 순간, 가슴 한 켠에서 막막함이 꿈틀대며 올라왔다.

속으로 말했다. '나 역시도 당신이 트렌드를 아는지 모르는

지에 대해 관심 있는 게 아니었습니다. 내 말의 표면이 아니라, 그 너머의 진심을 조금만 들여다봐 주었다면 그런 대답은 하지 않았겠지요.' 나는 단박에 알아차렸다. '그 사람은 관계에 능숙하지 않구나.' 물론 그녀에게도 지인을 중심으로 한 무리는 있겠지만, 관계 속에서 반복되는 오해와 불편들이 적지 않았을 것이라 짐작했다.

만약 그녀에게 관계에 대한 레퍼런스가 있었다면 이렇게 답했을지도 모른다. "그 부분은 제가 크게 신경 쓰지 않다 보니 잘 모르겠네요. 저는 완성된 상품을 유통하는 부분에 집중하고 있어서요." 이렇게만 이야기했어도 서로 마음에 남을 애매한 감정은 없었을 것이다. 말은 이렇게 서로의 안전을 지켜주는 다리가 될 수 있다.

말투가 그리는 초상화

그녀는 경쟁 프레젠테이션을 앞두고 스피치 훈련을 받고 싶다며 내 연구소를 찾아왔다. 상담을 마쳤음에도 내 마음은 잔잔하지 않았다. 마치 안으로만 일렁이는 파도처럼, 불편한 감정이 마음을 두드렸다. 그 이유는 단 하나, 그녀의 말투였다. 그녀의 말은 마치 군대 지휘관처럼 명령조였고, 일방적이었다.

왜 그렇게 날이 선 말투를 써야 했을까? 생각해보니, 그녀의 화려한 겉모습과 카리스마 넘치는 태도 속에는 혹시 모를 관계의 거친 자국들이 숨어 있을지도 모르겠다는 생각이 들었다.

그 날카로운 말투가 때론 주변 사람들에게 오해를 불러일으켰을지도 모르겠다. 그 말투가 동전의 양면처럼, 그녀의 약점이자 방어막이었는지도 모른다. 문득 궁금해졌다. 그녀는 왜, 어떻게 그 말투를 자신에게 두르게 되었을까. 옷으로 치면, 왜 평생 군복만 입고 다니게 된 걸까.

말투가 그려낸 변화
그녀의 시니컬한 말투가 얼마나 많은 오해의 그림자를 만들어 왔을지 생각하니 마음이 무거워졌다. 그리고 나는 조용한 결심을 했다. 그녀가 말투를 바꿔갈 수 있도록, 그 변화의 여정을 함께 걸어보기로 했다.

그것은 내게도 도전이었고, 그녀에게는 새로이 열리는 관계의 가능성이었다. 나는 믿었다. 그녀가 부드러운 말투를 익히게 되면, 관계 속에서도 한층 더 유연해질 것이고, 그동안의 오해들도 조금씩 걷힐 것이라고. 다행히 그녀는 내 마음의 진심을 읽었다.

조심스레 마음을 열었고, 변화의 길 위에 자신을 올려놓았다. 어느 날, 그녀는 나에게 조용히 말했다. "소장님, 제가 말투를 부드럽게 바꾸고, 칭찬을 먼저 건네니까 상대가 저를 대하는 태도가 달라지더라고요. 그러다 보니 저도 좀 더 여유로워졌고요." 그녀의 고백은 조용하지만 깊은 울림으로 다가왔다.

관계의 온도를 바꾸는 힘
이제 그녀는 내게 소중한 벗이 되었다. 처음 만났을 때의 냉정하고 차가운 말투는 어느덧 조금씩 사라지고, 그녀는 주변을 따뜻하게 감싸는 다정한 사람이 되어 있었다. 그녀를 떠올릴 때마다 마음이 뭉클하다. 단단했던 말투라는 껍질을 벗어 던지고 따뜻한 관계라는 들판 위를 스스로 걸어 나온 그녀가 참 용기 있고, 어른스럽다고 느낀다.

걸어야 길이 된다 - 언어 오솔길 내딛기

말의 옷을 입히는 법

우리는 때로 말에 서툴다. 말이라는 것을 잘 알지 못할 수도 있다. 내가 내뱉은 언어가 얼마나 거칠게 자녀에게 흘러가는지, 또 얼마나 날카롭게 타인의 마음을 찌르는지조차 자각하지 못한 채 살아가기도 한다.

이처럼 차가운 말의 태도를 지닌 사람에게 세상은 자신을 해치려는 가해자들로 가득 찬 것처럼 느껴질지도 모른다. 하지만 오은영 박사의 '금쪽이' 프로그램을 보면 우리는 종종 그 반대였음을 깨닫게 된다.

사실은 우리가 먼저, 상대를 향해 거친 표정과 한심스러운 눈빛으로 비난하고, 말투로 공격하고, 통제하며, 제압하고 있었다는 것을. 이렇게 먼저 공격의 화살을 겨누고 있었음을 알게 되는 순간들이 있다. 물론 마음은 다를 수 있다. 가까워지고 싶은 마음, 인정받고 싶은 마음, 외롭지 않으려는 마음. 진심은 다정 했을 지 모르지만, 상대는 그 마음을 알 길이 없다. 하루에도 수없이 요동치는 내 마음을 나조차 따라가지 못하는데, 어찌 상대가 내 본뜻을 단박에 알아차릴 수 있을까?

그럼에도 불구하고, 내 말투가 상대에게 상처가 될 줄 알면서도 거친 언행을 멈추지 않는다면, 그것을 정신의학에서는 의도된 '공격'이자 '가해'라고 말한다. 알몸은 생각보다 초라하다, 그래서 대화에도 격식이 필요하다

"나는 거친 말이 오가는 집안에서 자랐어요." "저는 원래 쿨해서 이렇게 말해요. 대신 뒤끝은 없어요." "말투가 화난 사람 같을 텐데, 진짜 화난 건 아니니까, 신경쓰지 마세요." "저는 원래 좀 소심해서요…"

이런 말들은 어른이라는 이름 뒤에 숨어버리는 익숙한 변명들이다. 하지만 어른이라면 더 이상 핑계 뒤로 숨지 않아야 한다. 어른은 마음으로만 존재 하는게 아니라, 그 마음을 바르게 표현할 줄 아는 사람이어야 하기 때문이다. 말이란 것도 맨몸으로 마주하는 일이 될 수 있다.

날것 그대로의 표현은 상대에게 불편함과 불쾌함을 주고, 때로는 정서적 폭력으로 다가올 수도 있다. 그래서 언어에

도 '사회적 격식'이라는 옷이 필요하다. 적절한 말투와 존중의 표현은 상대를 위한 배려일 뿐 아니라, 나 자신을 안전하게 보호하는 태도이기도 하다.

아이를 사랑하는 엄마가 있다. 하지만 그녀는 '보호'라는 이름으로 강요하고, '사랑'이라는 이름으로 비난하고 조종하며, '걱정'이라는 이름으로 평생을 평가하고 통제하려 한다. 마음은 사랑일지 모르지만, 표현이 공격이라면 그것은 분명 '정신적 학대'라고 정신의학은 말한다. 마음 표현이 제대로 전해지지 않으면, 진심이 아닐 수도 있다.

그리고 처음부터 진심이 없을 수도 있다. 이제 우리는 마음이라는 변명 뒤에 숨지 말자. 서툴더라도, 다정한 표현을 연습하며 서로에게 '안전한 사람'이 되어보자. 그것이 우리가 관계 속에서 어른이 되어간다는 증거일테다.

나의 말의 여백은 당신을 위한 자리 입니다

때론 적절한 주저함도 배려다

카페에서, 혹은 거리를 걷다 보면 문득 그런 순간을 맞는다. 귀를 닫으려 해도 어느새 스며드는 사람들의 대화. 낯선 이들의 말이 어느새 내 마음까지 흐른다.

그러다 따뜻한 말을 들으면, 마치 우연히 선물을 받은 듯 마음이 포근해진다. 바쁜 일상이라는 긴 시험 속, 그 말 한마디로 만점을 받은 기분이 든다. 얼마 전 신촌의 한 마트를 찾았다. 업무차 들른 김에 어쩔 수 없이 건물 내 주차장을 이용했는데, 주차비가 꽤 비쌌다. 주차비를 채우기 위해 당장 필요하지도 않은 물건들을 장바구니에 담고 계산대 앞에 섰다. 그런데 앞에 서 있던 모녀가 어딘가 불편해 보였다.

자세히 들어보니, 주차비를 맞추기 위해 무언가를 더 사야 할지 망설이고 있는 듯했다.

그때 딸로 보이는 30대 여성분이 점원에게 조심스레 물었다. "선생님, 2시간 주차하려면 금액이 부족한 거죠?" "예, 저희 주차 지원 기준이 조금 높아서요. 만 원 정도 더…" 점원의 말이 채 끝나기도 전에, 그 앞을 지나던 60대쯤 되어 보이는 여성분이 조용히 무언가를 내밀었다. 손바닥보다 작은, 주차권이었다. "이거… 주차권인데 아직 유효해요. 다만 데스크에서 도장을 받아야 쓸 수 있을 거예요. 괜히 번거롭게 해서 죄송하네요…" 그녀의 목소리는 작고 조심스러웠다.

모녀는 얼떨결에 그 손길을 받아들였다. "아… 예, 정말 받아도 괜찮을까요?" 고개를 숙이며 손끝으로 감사함을 건넸다. 나는 그 순간 가만히 놀라고 말았다. 내게 물음이 하나 떠올랐다. '내가 그 주차권을 건넸다면 어떤 말을 했을까?' 아마 "이거 주차권인데 쓰실래요?" "이거 사용하세요."라며 비교적 당당하고 명확하게 말했을 것이다. 도움을 주는 입장에서 자연스럽게 건네는 말투로.

하지만 그 여성은 달랐다. 마치 부탁을 하듯 조심스럽게 말했고, 쓸 수는 있지만 번거로움이 있을 수 있다는 점까지 친절하게 덧붙였다. 그리고 그녀의 말뜻의 중심에는 자신이 아닌 '받는 사람'이 있었다. 그 주저함은 자신이 아니라 상대를 생각하는 마음의 형태였다.

그 조심스러운 말투를 어리숙하다고 바라보지 않는 모녀 또한 인상적이었다. 그들은 그 주저함 속에 담긴 진심과 배려를 읽어낸 것이다. 말씨에는 그 사람의 삶이 묻어나고, 말의 여백에는 마음의 온도가 드러난다.

호의를 베푸는 순간조차 자신을 내세우지 않고, 오히려 받는 이의 기분과 결정을 존중하는 태도는 깊은 배려에서 비롯된다. 서구에서 동양의 미를 높이 평가하는 이유도 이 여백과 여운에서 비롯된다고 한다. 완전히 채워진 문장이 아닌, 남겨진 틈에서 우리는 상대를 위한 공간을 발견한다. 가끔은 세련된 말보다 여백 있는 말이 더 따뜻하다. 몇 마디 말 속에서 흘러나오는 음성의 속도와 온도, 그 여백 속에서 우리는 온기의 농도를 느낀다.

무미건조한 공백이 아니라, 자유롭고 존중 가득한 여백. 그것이야말로 따뜻한 대화가 시작되는 자리다.

걸어야 길이 된다 – 언어 오솔길 내딛기

여백을 남기는 말의 망설임이 오히려 배려가 될 때도 있다. 말의 호흡에 여백을 두는 일, 상대의 뜻을 묻는 태도에 망설임이 깃드는 일. 이는 단순한 머뭇거림이 아니라, 상대의 마음이 머물 자리를 내어주는 섬세한 배려다. 때때로 우리는 자신의 기호와 취향, 생각과 입장을 너무 빠르게, 너무 분명하게 내어놓는다.

하지만 그 모든 말이 곧 이해와 조화를 향한 것은 아니다. 어쩌면 말의 온도는 그 흐름의 속도에서 비롯되는지도 모른다. 빠르게 쏟아낸 말보다 천천히 흐르는 말이 더 따뜻하고, 더 오래 마음에 남는다.

주저함은 미숙함이 아니라, 조심스러운 존중의 표현일 수 있다. 단정하지 않고 여지를 남긴다는 것, 그것이야말로 말에 품격을 입히는 일이다. 말을 통해 서로를 만나려면, 말 너머의 주저하는 마음을 헤아릴 줄 알아야 한다. 어수룩한 듯 보일지라도 상대를 위한 그 여백이 진정한 배려가 된다.

우리는 모두 말이라는 옷을 입고 관계를 맺는다. 그러니 그 옷이 너무 거칠지 않도록, 너무 꽉 끼지 않도록, 여유와 따뜻함을 품어야 하지 않을까.

당신의 대화는 안전한가요?

어느 흐린 오후,
입사 2개월차 팀장님께 나는 작은 선물을 건넸다. 아마도 난 그녀가 부드러운 미소와 함께 선물을 받아 주리라 기대했던거 같다.

하지만 돌아온 것은 차가운 겨울바람 같은 말이었다. "저는 회사 사람과는 거리를 두는 편이에요." "그리고 관둔 회사마다 저를 찾고, 헤어진 남자친구마다 저를 다시 찾지만, 저는 그들을 찾지 않아왔어요."

순간, 이게 무슨 말인가 싶어 멈칫했다. 나 스스로에 대한 신뢰보다는 타인에 대한 평가가 자신의 믿음이라니. 무언가 마음이 안전하지 않음을 금세 알아차렸다. 상대방의 선의를 향해 날카로운 선을 그어버리는 모습을 보며, 나는 깊은 우물 속을 들여다보는 듯한 쓸쓸함을 느꼈다.

친절이라는 따뜻한 손길마저도 방어의 방패로 막아서는 그녀의 마음속에는, 대체 어떤 서늘한 기억들이 켜켜이 쌓여 있었을까 궁금해졌다. 그녀가 던진 "늘 혼자 움직였어요."라는 말은, 처음에는 타인들이 그녀에게 마음을 열지 않았던 것일까 하는 의문을 불러일으켰다.

하지만 시간이 흐르며, 나는 그 의문에 조금은 가까워질 수 있었다. 어쩌면 그녀는 스스로 세상을 향한 창문을 굳게 닫아버린 것은 아니었을까?

겉으로는 웃고 타인의 기분을 맞추는 법을 알지만, 마음 안에는 경계와 방어가 가득했다. 우리는 때로 상처받지 않기 위해 단단한 성벽을 쌓는다. 하지만 그 성벽은 동시에 따뜻한 마음들이 스며들지 못하게 만드는 차가운 장벽이 되기도 한다. 마치 겨울 끝자락의 얼음처럼, 녹아내리기를 거부하는 단단한 마음처럼 말이다.

걸어야 길이 된다 – 언어 오솔길 내딛기

우리가 품은 신념에 관하여
"커피 한 잔 하실래요? 제가 사드릴게요." 이런 제안 앞에서 "저를요? 왜요?"라고 되묻는 순간, 우리는 이미 '불신'이라는 신념에 갇혀버린다. 마치 오래된 습관처럼, 타인의 선의를 먼저 의심하는 마음이 고개를 든다. 우리에게는 각자의 '신념'이 있다. 마치 오래된 장롱 속에 접어둔 옷처럼, 부모에게서 물려받은 것들이 있다.

"영업이란 나쁜 직업이야." "친구는 꼭 필요해." "배우자는 있어야 해." "돈이 최고야." "명예가 중요해." 이런 말들은 마치 강물처럼 자연스레 우리 안에 스며들었다. 한국이라는 땅에서, 내 부모라는 그릇의 크기만큼만 담아온 물과도 같은 것들이다. 우리는 이런 주어진 신념들을 마치 내 것인 양

착각하며 살아간다. 누군가의 옷을 입고 그것이 내 옷이라고 믿는 것처럼. 더 큰 문제는, 이런 신념들을 단 한 번도 의심하지 않고 살아간다는 점이다.

마치 오래된 지도를 들고 낯선 길을 걷듯, 우리는 검증되지 않은 신념들을 따라 인생을 걸어간다. 이때, 우리가 스스로에게 던져야 할 질문은 다음과 같다.

"나는 왜 연애를 부정적으로 바라보는가?" "타인을 향한 의심은 어디에서 시작 되었나?" "친절함을 경계하는 이유는 무엇인가?" 이런 질문들은 마치 거울 앞에 서서 자신을 정면으로 마주하는 것과 같다. 성인으로서 우리는 이제 이 질문들에 대한 답을 찾아가는 여정을 시작해야 한다. 그것이 바로 진정한 자아를 찾아가는 길이자, 내 말 속에 담긴 어색한 표현을 건강하게 바꾸어가는 방법이다.

'너'를 알고자 시작한 대화는,
'나'를 아는 것으로 마쳐졌다

사랑의 속도 차이
사랑에는 각자의 속도가 있다. 누군가는 빠르고, 누군가는 느리다. 우리는 종종 그런 속도의 차이를 지닌 사람과 마주한다. 그럴 때마다 스스로에게 묻는다. '내가 빠르면 기다려야 할까?' '내가 느리다면 서둘러야 할까?' 어떤 순간에는 이런 일도 있다.

상대의 마음이 무겁고, 내 마음은 아직 가벼울 때. 그럴 땐, "미안해요"라는 말과 함께 한 발짝 물러선다. 상대는 '우리'를 말하는데, 나는 아직 '나'에 머물러 있을 때. 그럴수록 우리는 거리를 두게 된다. 결혼이라는 말도 마찬가지다. 누군가에겐 가까운 말, 누군가에겐 아직 이른 이야기.

"우리 잘 맞을까요?" "함께할 수 있을까요?" 이런 대화를 나누며 우리는 서로의 다름을 실감한다. 신뢰 역시 그렇다. 그 깊이만큼 거리도 생긴다. 신뢰는 하루아침에 만들어지지 않는다. 천천히, 시간을 들여 쌓아야 한다. 하지만 우리는 급함 때문에 신뢰조차 쌓아보지 못한 채 관계를 흘려보내기도 한다.

내 후배의 이야기다. 소개팅에서 만난 남자가 꽤 괜찮았다고 했다. 한두 번 더 만나보고 싶다기에, 좋은 인연이 되길 바랐다. 그런데 다음 날 아침, 후배에게서 문자가 왔다. "더 만나지 않으려 해요." 의아했다. 서로 각자의 집으로 돌아간 밤사이 무슨 일이 그녀의 마음을 바꾼 걸까, 궁금했다. 알고 보니, 그 남자가 새벽에 문자를 보냈다고 했다.

"혜주 씨가 저에게 이성적인 호감이 없을 수도 있지만…" "혜주 씨는 연애에 관심이 없어 보여요" "혜주 씨에게 제가 매력 있는 사람인지 모르겠지만…" 아직 시작되지도 않았는데, 이미 끝난 것처럼 말하는 그 표현과 태도. 후배는 불편함을 느꼈고, 결국 더 만나지 않기로 했다. 사실 그녀는, 감정을 천천히 키워가고 싶었다. 자연스럽게 마음을 열고, 적당한 시간과 온도 속에서 서로를 알아가고 싶었다.

하지만 그는 스스로의 불안을 알아차리지 못했다. 그래서 조급한 말을 내뱉었다. 상대의 감정을 미리 판단하려 했다.

아직 피지도 않은 꽃의 향을 억지로 맡으려 했던 셈이다. 그것이 오히려 단단한 성벽이 되어 상대가 다가오지 못하게 만든다는 것을 그때 그는 알지 못 했다.

결국, '너'를 알아가려 했던 대화는 내 안의 불안을 비추는 거울이 되었다. 아직 아물지 않은 상처, 사랑에 대한 신뢰를 잃은, '나'와 마주하는 일이었다. 흔적처럼 남은 지난 사랑은 우리를 다시 자아와 마주하게 만든다. 그 안에서 마주한 내 모습은 어설프고 서툴러, 때로는 바라보는 것조차 어려웠다.

그래서일까. 아직 꽃봉오리도 피지 않은 사랑을 서둘러 '사랑'이라 부르고 싶은 마음이다. 마치 덜 익은 과실을 성급히 따내려는 조급함처럼 말이다.

'격 없음'이라는 착각

어떤 사람들은 처음 만나는 자리에서부터 오래된 단골처럼 다가온다. 반말이라는 익숙한 언어를 아무렇지 않게 꺼내며, 자신은 격이 없는 사람이라 말한다.

그러나 신뢰란, 천천히 익어야 깊은 향을 낸다. 상대의 마음에 맑은 물 한 방울 스며들지 않았는데, 혼자만 취한 듯 흐트러진 태도는 결국 경계를 넘은 침범일 뿐이다. 아직 피지도 않은 꽃봉오리를 억지로 피우려 하는 것처럼. 신뢰의 뿌리가 내리기도 전에, 혼자만 친밀함이라는 열매를 서둘러 따내려는 모습이다. 진짜 '격 없음'이란, 서로가 편안한 온도에서 자연스럽게 스며드는 것. 하지만 어떤 이들은, 차가운 물에 찻잎을 던져 넣듯 너무 빠르게, 너무 쉽게 친밀해지려 한다.

걸어야 길이 된다 - 언어 오솔길 내딛기

`

신뢰는 정원을 가꾸는 일과 닮아 있다. 봄날 씨앗을 심어 여름의 열매를 맺기까지, 우리는 다섯 개의 계절을 지나야 한다.

첫째, 예측 가능성의 봄
매일 같은 시각에 피어나는 꽃처럼, 상대의 말과 행동에 일정한 맥락이 있을 때 우리는 신뢰의 씨앗을 심을 수 있다. 이렇듯 예측 가능함이란, 우리의 말과 행동이 흐트러지지 않고 맥락 속에서 일정하게 이어지는 모습이다. 그 안정감이 곧, 신뢰의 시작이다.

둘째, 검증의 초여름
작은 약속들이 하나 둘 현실이 되며 우리는 상대의 진심을 확인하게 된다. 말을 지키려는 태도, 함께 노력하려는 마음,

그 모든 순간이 신뢰의 뿌리를 깊게 내리게 한다. 신뢰는 말이 아니라 '지켜낸 행동'으로 자란다.

셋째, 의도의 한여름

마음속 의도의 선함을 비춰보는 시기가 있다. 구름 낀 하늘을 맑은 호수가 비춘다고 그 하늘이 맑아지는 건 아니다. 누군가에게 다가서는 마음, 그 의도가 진심에서 비롯된 것이어야 관계는 맑고 투명한 여름처럼 따뜻해질 수 있다. 선한 의도란, 바라는 결과 없이 순수한 바람으로 다가가는 것이다.

넷째, 능력의 가을

잘 익은 과일이 가뭄 속에서도, 폭우 속에서도 그 결실을 지켜내듯이 신뢰 역시 관계의 풍파 앞에서 지혜롭게 수용하고, 조용히 기다려주는 '담대함'이 필요하다. 살다 보면 누구에게나 위기와 흔들림이 찾아온다. 그럴 때 "함께"라는 말로 서로를 품어줄 수 있는 용기와 지혜, 회피하지 않고 서로의 지지대가 되어주는 것이 신뢰라는 마음의 능력이다.

다섯째, 상호 신뢰의 겨울

오랜 시간으로 서로에게 스몄다. 그리고 흔들림 없이 서로에 대한 믿음이 깊어지는 계절이 있다. 봄, 여름, 가을, 겨울을 몇 해나 함께 건너온 사이. 이제는 그 사람의 계절을 예측할 수 있을 만큼 마음에 근력이 생긴다. 아무리 어려운 일이

닥쳐와도 그가 어떻게 불안을 견디고 어떻게 자신을 다잡아가는지 이미 짐작할 수 있다. 그 믿음이 쌓여, 무엇이든 함께 견딜 수 있는 관계가 된다. 그것이 책임이고, 그것이 신뢰다. 그도 그녀를, 그녀도 그를 믿는다. 그렇게 두 사람 사이, 상호 신뢰는 기울어짐이 없다.

경청에도 배려를 담아낼 수 있을까

마음번역기, 경청

말은 마치 물결처럼 우리의 마음을 깊이 흔들 수 있다. 어느 날, 연구실 집무실에서 강의를 마친 뒤 잠시 숨을 고르고 있을 때였다. 고요함이 감도는 그 순간, 누군가 조심스레 문을 두드렸다. "소장님, 잠시 이야기 나눌 수 있을까요?" 문을 열자, 연구실 수업을 듣던 민수 씨, 26세의 직장인 청년이 서 있었다.

"왜 안 되겠어요? 좋죠. 어떤 고민이 있어서 들렸어요?" 그의 목소리는 폭풍 전야처럼 고요했고, 눈빛은 조심스러웠다. 평소 말수가 적던 터라 상담을 청한 것 자체가 의외였다. "지난 수업에서 소장님이 제게 해주신 말씀이 있어서요…" 그 순간 나도 모르게 숨이 멎는 듯했다. '무슨 말을 했지? 혹시 내 말이 상처가 되었던 걸까… 그런 의도가 아니었는데…' 머릿속에서 빠르게 기억을 더듬으며 마음속엔 사과의 준비가 일었다. 그런데 그가 조심스레 꺼낸 말은 의외였다. "지난 시간에 소장님이요…" "어머, 민수씨 목소리가 너무 좋아졌어요!" "변한 목소리가 더 매력적이고 호감 있게 들려요. 민수 씨에게 그런 매력이 있다는 걸 알고 있었어요?" 라고 말씀하셨어요." 그 순간, 가슴 한쪽에 맺혀 있던 불안이 눈 녹듯 사라지는 걸 느꼈다.

혹여 무심코 던진 나의 말이 그를 상하게 했을까 염려하던 마음은, 오히려 따뜻한 무언가로 채워졌다. '소장님, 저는 그런 칭찬을 처음 받아본 것 같아요. 그 말이 제 마음에 오래 머물렀어요.' '그동안 저는 저 자신에 대해 꽤나 구슬펐던 것 같거든요. 제가 이 감정, 이 위로를 소장님께 받아도 괜찮을까요? 그 말이 진심이었으면 정말 좋겠어요…'

게다가 그의 눈빛은 마치 이렇게 말하고 있는 듯했다. '이런 이야기 해도 제가 초라해 보이지는 않을까요? 소장님 앞에서 이런 마음을 꺼내도 저는 괜찮을까요?' 놀라운 일이다. 그의 말은 나에겐 이렇게 들렸다. 나는 내 의지로, 그에게 가장 따뜻한 눈빛을 건넸다. 그제야 그의 눈빛에도 조금씩 안도감이 번지기 시작했다. 민수 씨는 조심스럽게 말을 이었다. "사실 저는 말투 때문에… 많은 무시를 당해왔어요." 그 말은 내게, 오랫동안 닫혀 있던 창문이 열리는 소리처럼 들렸다. 그는 말투가 부드럽고 착한 인상을 주는 사람이었다.

교회 청년부 활동도 성실히 해내는 사람이었지만, 어떤 이들은 그의 말투로 인해 그를 만만하게 여기기도 했단다. 말투라는 것이 대수롭지 않게 느껴질 수 있지만, 누군가에게는 그로 인해 억울하게 '어눌한 사람', '답답한 사람'이라는 이미지를 얻게 하기도 한다.

다행히 그는 말투를 바꾸기 위한 노력을 시작했고, 자신을 향한 무시의 이면에 자신의 말투가 일정 부분 작용했음을 깨달았다. 그 변화는 자존감을 회복하고, 자신을 존중하는 방향으로 나아가는 좋은 신호였다. 작아 보이는 말투의 변화가 때로는 삶 전체를 바꿔놓는다. 말투는 한 사람의 인상을 결정짓고, 때로는 평생 따라다니는 꼬리표가 되기도 한다.

우리는 종종 문제의 원인을 내 안에서 찾기보다는, 타인의 말이나 표정, 눈빛 같은 피드백에서 원인을 찾는다. 그리고 그 화살처럼 꽂힌 피드백이 우리를 더 깊은 좌절로 밀어 넣곤 한다. 그럴 수밖에 없다. 답을 몰라서 더 막막하고, 길이 보이지 않기에 더욱 아프다. 그날 나는 그에게 말했다. "그 칭찬은 진심이었어요"
그리고 그도 나도, 그날만큼은 서로에게 충분히 안-전-했-다. 말의 온기란, 그렇게 마음의 문을 열게 한다.

걸어야 길이 된다 – 언어 오솔길 내딛기

우리는 같은 한국말을 쓰면서도, 서로 다른 말을 하곤 한다. 겉으론 같은 언어처럼 보이지만, 그 속뜻은 종종 엇갈린다. 말을 이해하는 데는 두 가지 길이 있다. 하나는 있는 그대로 받아들이며 아무 의심 없이 듣는 것이고, 다른 하나는 다소 번거롭더라도 그 말 너머의 뜻을 앞뒤로 살피며 찾아보려는 노력이다.

즉 이를 보통 문해력이라 부른다. 문맥을 해석하고 이해하는 힘 말이다. 그리고 난 이것을 내면 감정을 이해하는 '감정 문해력', 경청 혹은, '감정번역기'라고 한다. '잘 듣는다'라는 건 결국, 말의 표면 너머에 있는 진심을 읽어내는 일이다. 그래야만 우리는 서로에게 닿을 수 있고, 대화는 진심을 담은 깊은 흐름으로 이어진다.

주변에서 매력적으로 진솔한 대화를 나누는 사람들을 보면, 대부분 이처럼 듣는 데에도 마음을 쏟는 태도를 지니고 있다. 그들은 단순히 말을 배려하는 것이 아니라, 경청 자체에 배려를 담는다.

예를 들어보자. 살림살이가 넉넉지 않은 어느 날, 아들과 엄마 사이에 이런 대화가 오간다. "엄마, 우리도 짜장면 시켜 먹으면 안 돼?" "어휴, 그 살찌는 걸 왜 그렇게 좋아하니? 그렇게 먹고 싶으면 네 것만 시켜 먹자." 이 말을 겉으로만 들으면, '엄마는 먹기 싫다'는 뜻처럼 들린다. 그러나 그 안을 들여다보면, 사실은 '너라도 배불리 먹었으면 좋겠다'는 엄마의 마음이 숨어 있다.

어떤 사람은 이런 속뜻을 헤아리는 일이 답답하다고 말한다. 또 어떤 사람은 말을 곧이곧대로 받아들이는 것이 차갑게 느껴진다고 말한다. 하지만 이런 차이를 인정해주는 것, 그것이야말로 '진짜 경청'의 출발점이다. 잘 듣는다는 건, 말의 수면 아래를 번역해내는 일이다. 단순한 판단이나 해석이 아니라, 다음과 같은 질문을 마음속에 품는 것이다. "내가 위로해줄 수 있는 건 뭘까?" "그는 지금 어떤 불안한 마음을 품고 있을까?" 이런 태도로, 오역 없는 '마음 번역기'를 조심스레 돌려보는 일. 그리고 그 번역이 맞는지 확인하기 위해 궁금함으로, 조심스레 물어보는 태도가 함께여야 한다.

사람들은 흔히 '고맥락 문화'와 '저맥락 문화'의 차이를 이야기한다. 고맥락 소통은 답답하다고 말하고, 저맥락 소통은 차갑다고 말한다. 돈 없으면 돈 없다 말하지, 뭘 "너만 먹어. 난 느끼한거 싫어해"라며 고맥락적으로 말해야 하냐고 부질없다고 한다. 또 상대가 "느끼해서 안먹어"라고 말했으면 "느끼한거 싫어하나 보다" 하고 저맥락으로 이해 하는게 심플 한거 아니냐고 한다.

그러나 우리가 결코 잊지 말아야 할 한 가지는, 사람마다 소통의 방식이 다르다는 사실을 먼저 인정하는 일이다. 그 인정에서부터 진정한 경청은 시작된다. 경청은 단순히 '듣는' 것을 넘어서, 왜곡 없이 해석하고, 상대의 마음을 궁금해하는 일이다. 그리고 그 마음을 있는 그대로 받아들이기 위한 준비를 갖추는 일이다. 그러니 마음의 번역은, 누군가의 말 너머를 살피려는 첫걸음에서 시작된다. 그 번역의 태도 안에서야 비로소, 우리는 서로의 마음을 마주할 수 있다.

마음 나눌 단 한명, 그대를 그리워하오

말과 마음 사이

"어머니, 죄송해요 이번에 제가 못 내려가게 되었어요" 안절부절 며느리가 시어머니께 말을 한다. "얘는 우리집을 우습게 보는 거니? 왜 니 맘대로 안내려오니?" "어머니 그게 아니구요, 제가 대상포진에 걸렸어요. 통증이 심해서 못 내려가게 되었어요."

어머니가, 며느리가 처음 못 내려가게 되었다고 할 때, 이랬으면 어떨까. "아가 무슨 말 못할 사정이 있니?"라고 차근히 물어 봤다면 말이다. 혹은 며느리가 처음부터 이렇게 표현 하면 어땠을까? "어머니 너무 뵙고 싶은데, 제가 대상포진으로 아파서 이번에 못 내려가서 너무 송구해요. 많이 기다리실 텐데요."

어느 남자가 여자친구에게 화를낸다. "당신, 나 미팅 들어간다고 말했잖아. 전화를 몇 통이나 한 거야! 나 의심해?" 어떤 아내가 남편에게 톡 쏘아 이야기 한다. "아이는 뭐 당신만 보니? 설거지 하는 게 당연한 거지 내가 왜 고마워야 하는데, 다른 남편들은 장도 다 봐 준데?!"

그때 가사일을 도운 남편에겐 그저 단 한마디가 필요했다. "고마워 남편" 그 한마디면 되었을 말. "일 하고 와서 고단할텐데, 우리까지 챙겨줘서 감사해" 그 따뜻한 한마디면 충분했다.

이번에 반대다. 화가 난 부인은 남편에게 쏘아 붙인다. "요즘 당신 때문에 너무 지쳐. 처가도 좀 챙겨주면 안 돼? 어쩜 그렇게 무심할 수 있어. 나는 뭐 안 바쁜 줄 알아? 완전 이기적이야." 그녀의 서툰 투정이었을지도 모를 이 말들은, 남편은 협조 요청으로 듣지 못 한다. 자신을 나무라는 말로 받아들이고 상처를 키운다. 그리고 마음속으로 '내가 그렇게 나쁜 사람인가', '이젠 나를 사랑하지 않는구나' 하는 생각들이 쌓여간다.

우리 모두는 내면에 불안한 아이 하나쯤 품고 산다. 그런 불안한 내면에 상대의 비난이 담긴 말은 마치 휘발유를 붓

듯 감정을 자극한다. 그렇게 작은 오해가 멀어짐의 시작이 된다. 특히 자존감이 약하거나 지나치게 강한 사람일수록 더 멀어질 준비를 서둘러 한다. '아, 나는 필요 없는 존재구나'에 도달한 그 마음은 참으로 서글픈 종착역이다. 말하는 이의 깊은 뜻 없이 내뱉은 투정, 그리고 듣는 이의 내면의 상처가, 서로의 엇갈린 서툰 언어로 충돌했다.

사람들은 대화의 핵심이 무엇이냐고 묻는다면 으레 '경청'이라 답한다. 맞는 말이다. 하지만 진정한 경청은 '귀'로 듣는 것을 넘어선다. 단순히 키워드를 메모하거나 문장을 기억하는 데 그쳐선 안 된다.

상대의 말 속에 숨어 있는 불안, 욕구, 기대, 서운함 같은 마음의 결을 포착해야 한다. 표면적인 단어의 흐름만 좇는다면 그것은 마치 구글 번역기로 해석한 대화와 다르지 않다. 잠시 멈추어 생각해 보자. "지금 저 말을 하는 연인의 속마음에는 어떤 불안이 있을까?" "저 사람의 어떤 자존심을 내가 돌봐줘야 할까?" "진짜로 나에게 부탁하고 싶은 건 무엇일까?" 그렇게 바라보면, 비난처럼 들렸던 말도 달리 들릴 수 있다.

"당신이 내게 가장 소중한 사람인데, 바쁘단 이유로 표현하지 못해 미안해. 처가 일에도 더 신경 쓸게." 이런 말 한마디가 말다툼을 따뜻한 이해로 바꿀 수 있다. "요즘 내 마음이 좀 쓸쓸해. 당신이 바쁜 건 알지만, 잠깐이라도 가족에게 관심을 보여주면 좋겠어. 그렇게 해주면, 여전히 소중한 존재로 느껴질 수 있을 것 같아." 우리는 연약함을 드러내는 걸 두려워하지만, 사랑하는 관계는 그 연약함조차 편안히 보여줄 수 있어야 한다. 서툰 말은 상처가 되고, 오해는 멀어짐을 만든다. 진정한 대화는 감정의 폭발이 아닌, 서로의 마음을 살피는 일이다.

진심 어린 경청이란, 말하지 못한 감정과 부탁을 조심스레 길어 올리는 일이다. 우리는 모두 좋은 번역가가 되어야 한다. 상대가 다 하지 못한 말을 마음으로 읽고, 왜곡 없이 받아들이는 사람이 되어야 한다.

내면의 서러움을 상대에게 제대로 표현하지 못하다가, 상대는 결국 아무것도 모른 채 이별통보를 받는다. 말하지 못한 부탁, 겨울처럼 떨고 있는 속마음, 미처 표현되지 못한 그림자 같은 감정을 섬세하게 읽어내는 일이 바로 나와의 대화이고, 상대에 대한 경청이다. 즉, 경청은 내 언어로 상대 언어를 해석해내는 능력이다. 말의 맥락, 감정의 숨결, 마음의 흐름까지 함께 번역해내는 일이다. 우리는 모두, 상대가 말하지 못한 진심을 정확히 읽고, 그 마음을 왜곡 없이 받아들이는 번역가가 되어야 한다.

걸어야 길이 된다 - 언어 오솔길 내딛기

소통은 '어떻게 말했는가'보다, '그 말에 어떤 감정을 담았는가'가 중요하다. 사람은 말로 감정을 드러낸다. 어조나 말투, 단어 선택 그 모든 것이 '언어의 얼굴'을 만든다.

그래서 '이해'의 감정을 실어 전달할지? '원망'의 감정을 실어 전달할지? '귀찮음'의 감정을 실어 전달할지? 대화 하면서도 나의 말에 어떤 감정을 실고 있는지 알아채야 한다. 이와 비슷한 맥락에서, 언어학자 마셜 로젠버그는 모든 진심 어린 듣기에 대해서는 쉬운 정의를 제시했다. 상대의 말을 '부탁' 혹은 '고마움' 둘 중 하나의 감정으로 해석해 보라고 이야기 한다. 나는 덧붙여서 '상대의 불안'의 감정으로까지 해석해 보라 권하고 싶다. 예를 들어, 어느 날, 남편이 부인에게 꽃 선물을 했다. "자기야 왜 꽃을 사와. 이거 금방 시

들어! 쓸데없는 걸 사오는 거야." 아내가 말한다. 남편은 순간 마음이 움츠러들 수 있다. 그러나 이 말 역시 이렇게 다시 들릴 수 있다.

부탁의 언어로 바꾸면 : "오빠 나 이런거 안 챙겨도 충분해. 자기 돈 버느냐 힘들텐데 걱정돼서 그래. 우리 이 돈을 잘 모아두면 좋겠다는 뜻이야."

고마움의 언어로 바꾸면 : "자기 돈 벌고 일하느라 힘들텐데 나 생각해줘서 정말 고마워. 그런 마음이 너무 고맙고 미안해서 그래."

이렇듯, 많은 이들이 마음을 말로 고르게 옮기는 법을 배울 기회를 갖지 못한 채 살아간다. 그래서 듣는 사람은 그 뜻을 추스르며, 스스로 감정의 번역기를 돌려가며 이해하려 애써야만 한다. 결국, 우리는 각자의 말을 돌보아야 한다. 내가 내 말을 정직하고 부드럽게 돌보지 않으면, 그 짐은 고스란히 상대의 해석이라는 감정 노동으로 넘어간다. 우리가 지켜야 할 태도는 이렇다. 모든 대화는 서로의 감정과 욕구가 교차하는 마음의 다리 위에서 이루어진다. 그 다리를 튼튼하게 하기 위해선 내 말에 정성을 들이고, 상대의 말에 귀 기울이며, 비록 서툴더라도 진심을 담아 건네려는 용기가 필요하다. 그것이야말로, 마음이 진짜 닿을 수 있는 대화의 시작이다.

제3장

말,
나답게 한다는 것은

마음이 자꾸 눈치를 볼 땐, 솔직한 진심이다

20대 어느 날,

인생 첫 아르바이트를 시작했다. 유학을 마치고 돌아왔을 무렵, '아○론'이라는 영어 학원에서 아이들의 수업을 도우며 시간을 보냈다. 그만두려 마음먹었을 즈음, 학원의 한 남자 상사가 내게 이렇게 말했다.

"민정 씨, 여기 아니면 이 조건으로는 일 못 해요. 나가보세요, 이런 조건 없을 거예요. 평생 후회할 겁니다" 그 순간, 말문이 막혔다. 나가서 비교해보라는 말일까. 아니면 부드러움을 가장한 심리적 압박일까? 그땐 몰랐다. 이 말이 내게 어떤 감정을 남기고 가는지조차. 지금 돌이켜보면, 아마 그 말은 요즘 사람들이 말하는 '가스라이팅' 같은 것이었을

지 모른다. 어느날. 나에게 호감을 가졌던 사람이 내게 고백을 하면서, "민정씨, 미모도 이제 곧 꺾여요."라 한다. 저말이 뭐지 하면서도 난 대꾸하지 못 한다. 또 어느날이다. 나를 업무 파트너로 삼으려 했던 분이, "민 선생님 능력 좋으시죠! 근데 우리 학과에 지은씨라고 유명한 분 있잖아요. 그 분 대단해요. 그 사람이 민정씨처럼 했으면 더 대단 할텐데" 불쾌하지만 말은 참는다.

이런 표현들은 자신의 통제 아래 놓고 싶었던 '갑'의 가스라이팅 들이다. 그리고 얼핏보면 저들의 말만이 탓인 듯 하다. 근데 문제는 그들이 아니였다.

그런 말을 들었을 때 아무 말도 하지 못하는 내가 더 큰 문제였다. "그게 무슨 뜻이죠?!" 한마디면 되었을 텐데. 그때 난 그말을 하지 못했다. 그랬다. 그 시절의 나는 거절을 익히지 못한 사람이었다. 불쾌했지만 말하지 못했고, 마음이 무거웠지만 침묵으로 덮었다. 그땐 침묵이 겸손도, 예의도 아니라는 걸 몰랐다. 그것은 단지, 내 마음이 꾹 눌러 앉은 시간이었을 뿐이었다.

나는 어린 시절, 제법 오랜 시간 동안 어른들의 보호 바깥에 머물러 있었다. 열 손가락을 넘는 그 해는 한때는 상처였지만, 다행히 지금은 그저 기억이다. 마음 한쪽에 고요히 가라앉은 그 감정들은 더 이상 나를 흔들지 않는다. 그 시절을 지나온 나는, 스무 살이 넘은 뒤에도 여전히 '거절'이라는 단어 앞에 조용히 작아지는 사람이었다. 게다가 정치인이었던 아버지 덕분에 나는 어릴 적부터 "겸손해야 한다."는 말을 자주 들었다. 그럴듯한 말이다. 그런데 나는, 그 좋은 신념 속에 오래도록 스스로를 눌러 넣었다.

남을 높이기 위해 나를 깎는 것이 마치 당연한 겸손인 줄 알았다. 그러면서도 마음 한쪽이 조금씩 닳아가는 건 애써 외면했다. 나를 지키기보다, 나를 미뤘던 시간이었다. 그때의 나는 몰랐다. 좋은 신념일수록 때로는 나를 가장 많이 정죄하는 잣대가 되기도 한다는 걸 말이다. 겸손이란, 실력이 있을 때 비로소 빛을 발하는 태도다.

나라는 존재를 단단히 세운 뒤에야 비로소 타인을 높일 수 있는 여유, 그게 진짜 겸손이 아닐까. 그런데 그 시절의 나는 아직 준비되지 않은 마음으로 너무 이른 겸손을 받아들였다. 뒤늦게 한국에 돌아와 낯선 공부를 따라가느라 숨이 차고, 문화가 달라 하루하루 어깨가 단단히 굳어갔다. 적응하기에도 버거운 내가 겸손까지 지켜야 한다는 말은 어쩌면 내게 너무 이른 부탁이었는지도 모른다.

관계에 힘이 되는 말감각

나는 그렇게 배웠다. "타인에게 불편을 주지 마라." "불만을 말하는 건 예의가 아니다." 하지만 이제 와 생각해보면, 아버지가 진심으로 원했던 건 그런 침묵이 아니었을 것이다.

겸손은 말없이 참는 일이 아니라, 스스로를 지우지 않고도 타인을 배려할 수 있는 마음의 힘이라는 걸 이제는 조금 알 것 같다. 그리고 그 말의 힘을 채우기 위해 내가 가장 먼저 배워야 했던 건, 말이었다 더 정확히 말하자면, 그건 단순한 거절이 아니었다. 나를 드러내기 위한, 진심을 건네는 방식이었다.

마음속에 오래 머물던 말들을 조심스레 꺼내놓는 일이었고, 침묵보다 용기 있는 선택이었다. 거절은, 누군가를 밀어내는 말이 아니라 나를 지키는 다정한 문장이 될 수도 있다는 걸 그제야 조금씩 알게 되었다. 그렇게 나는 말이 곧 마음이라는 사실을, 마음이 곧 관계의 온도라는 것을 아주 천천히, 배우기 시작했다. 지금이라면 이렇게 이야기 할 것 같다.

지난 영어 학원에는 "혹 염려라면, 마음으로 잘 받겠습니다. 제가 선택한 길이니 제 책임으로 껴안겠습니다. 조언은 감사하지만, 결정은 제 것이니 존중해 주시면 고맙겠습니다." 그 고백남에게는, "외모의 아름다움이 아니라 내 내면을 아름답게 봐주는 사람을 만나면 될 테니, 그런 걱정 안 해주셔도 됩니다." 그 업무 상사에게는, "그럼 그런 인재를 더 키워서 협업 하시면 좋으시겠는데요." 이 한마디를 전하는 데 왜 그토록 긴 시간이 필요했을까.

진심을 표현 하는 법, 거절

아마도 나는, 거절을 두려워한 게 아니라 진심을 표현하는 법을 몰랐던 것인지도 모른다. 직장 상사에게 소신 있게 이야기를 할 때. 부담스러운 부탁을 거절해야 할 때. 관계가 불편한 타인과 이야기를 나누여야만 할 때. 이렇게 우리는 종종 대화가 어려운 순간들을 맞닥뜨린다. 그제야 알게 되었다. 말을 아끼는 것과 마음을 숨기는 건 전혀 다른 이야기라는 걸.

침묵은 때로 미덕이지만, 너무 오래되면 오해가 되고, 오해는 관계의 골을 만든다. 진심은 늘 조심스레 다뤄야 하지만 감춘다고 해서 사라지는 건 아니다. 표현하지 않으면, 마음은 결국 엉뚱한 방향으로 번져 나간다.

걸어야 길이 된다 - 언어 오솔길 내딛기

오래된 상처의 반증

우리 마음속에는, 때로 오래된 상처가 켜켜이 쌓여 있다. 마치 나이테처럼 둥글게 말린 그 아픔들은, 어린 시절 충분히 사랑받지 못했던 순간들의 기억일지도 모른다. 부모님의 무심한 한마디가 서리처럼 내려앉은 날들, 조건부로 주어진 사랑이 차가운 빗물처럼 스며들던 시간들.

그렇게 우리는 거절당하는 것이 무서워 겨울잠 자는 동물처럼 자신의 진짜 마음을 숨기며 살아왔는지도 모른다. 그런데 이상하게도, 다른 이의 부탁을 들어주면 마치 따뜻한 봄날 같은 기분이 든다. 참 놀라운 일이다. 우리 몸은 이미 알고 있다. 누군가를 돕는 일이 달콤한 도파민의 향기를 피워 올린다는 것을. 마치 첫사랑의 설렘처럼, 우리는 그 기분에 살

며시 취해보곤 한다. 우리에게 필요한 건, 스스로를 향한 따뜻한 수용의 눈길일지도 모른다. 나를 온전히 바라보는 시간, 그것이 바로 건강한 관계의 시작점이 되어줄 테니까.

심리학이 들려주는 아픔의 이야기는 참 섬세하다. 멍이 들 만큼 세게 맞은 상처보다, 보이지 않는 마음의 상처가 더 오래 아프다고 한다. 정서적 학대라는 말은 마치 깊은 계곡처럼 그 의미가 깊다. 주먹으로 맞은 상처보다, 차갑게 외면당한 마음의 멍이 더 오래 남는다고 한다. 부모님의 감정이 봄날 날씨처럼 들쑥날쑥할 때, 아이는 마치 작은 나뭇잎처럼 그 모든 바람을 고스란히 맞아내야 한다. 퍼렇게 멍이 들고, 흐물거리듯 마음이 뭉개 진다.

나의 십대시절, 정서적 결핍은 '외롭다', '박탈감을 느낀다'. '낯설다'…가 대부분이다. 그리고 그 상처는 '거절'을 못 하던 미성숙한 과정을 지나 이제 다행이도 수용으로 향했다. 마음이 가난한 어른 조건부 사랑이란 것은 참 아이러니하다. "공부 잘하면 사랑해 줄게." "착한 아이여야 예쁘지." 이런 말들은 마치 반쯤 열린 창문 같다. 그 틈으로 들어오는 바람은 늘 서늘하다. 그렇게 자란 아이는 자신의 존재 자체의 가치를 믿지 못하게 된다.

가만히 생각해보면 참 이상하다. 우리는 무언가를 '하는' 사람이 되기 위해 그토록 애를 써왔는데, 알고 보니 그저 '있는' 그대로가 얼마나 소중했던 걸까. 정신과 의사들이 전하는 말도, 종교가 건네는 메시지도 결국은 닿는 곳이 같다. 우리는 무언가를 해내서 가치 있는 게 아니라, 그저 존재 자체만으로도 별과 같은 존재라는 것이다. 우리가 지혜롭다면, 있는 그대로 지금의 우리를 스스로를 인정해줄 수 있기를 바란다.

어쩌면 우리 어른들은 무언가를 착각했는지도 모른다. 마치 계절이 바뀌듯, 존재(Being)의 가치와 성과(Doing)의 가치를 뒤바꿔 놓았는지도. 아이들에게 "잘해야 사랑받을 수 있어"라고 말하면서, 정작 우리 모두가 이미 충분히 사랑받을 만한 존재라는 것을 잊어버리게 한다.

우리는 봄날의 꽃처럼, 그저 피어나는 것만으로도 충분히 아름답다. 누군가에게 인정받기 위해 무언가를 반드시 해내야만 한다는 생각은, 마음을 가난하게 만드는 어른을 만든다. 우리는 그저 피어나는 존재만으로도 충분히 아름답다. 결국 우리가 받은 상처는, 꽃을 포개는 꽃잎처럼 포근하게 감싸주지 못한 순간들의 기억이다. 그래서 더 쓸쓸하다.

존재의 가치와 성과의 가치는, 봄과 가을처럼 서로를 완성하는 한 쌍이다. 어느 하나가 다른 하나를 밀어내는 것이 아니라, 우아한 춤을 추듯 서로를 보완하며 움직인다. 우리가 조심스레 살펴야 할 것은 이 둘 중 어느 하나가 지나치게 큰 목소리를 내고 있을 때다.

오케스트라에서 한 악기만 지나치게 울리면 전체의 조화가 무너지듯, 극단적인 치우침은 결국 우리 마음속에 작은 결핍의 그림자를 드리운다. 그래서 우리의 바람은, 참 소박해야 한다. 이 미묘한 균형이 깨져 누군가의 가슴에 상처로 남지 않기를. 그저 따뜻한 봄날의 햇살처럼, 있는 그대로의 존재로도 소중하게 받아들여 지기를 바란다.

결국 우리가 찾아야 할 것은 마치 이슬처럼 맑고 선명한 시선. 그 시선으로 자신과 타인을 바라보는 게 지혜가 아닐까 싶다.

뉘앙스란, 내가 내뱉는 말에
태도를 새기는 작업이다

미국 대학원 시절,
나는 날이 서 있던 크리틱(critique)에 적응하지 못했다. 서리처럼 차가웠던 어느 겨울날, 미국 수업에서의 일이다. 위로의 말 한마디 없이, 오직 실용주의의 매서운 칼날만이 존재하던 그 수업은 극도로 기능 중심적이고 실용적인 방식으로 진행되었다.

나는 그날을 분명히 기억한다. "네 프레젠테이션(presentation, PT)는 설득이 아니라, 그저 주장일 뿐이야. 알고 있니?" "초등학생도 너처럼 디자인할 수 있어. 넌 전문가답지 못해. 전혀 차별성 없어." "네 PT는 지금 건축주를 설득하지 못했고, 프로젝트도 따내지 못했어. 넌 실패한 거야." 세계적인 예술 대학원에서, PT를 마친 한 석사 학생에게 교수가 내뱉은 말이다. 그 백인 친구는 조용히 눈물을 흘리며 걸어 나갔다. 교수에게 들킬까 조심하는 모습. 아마도 그건 그녀가 숨기고 싶었던 자존심이었으리라.

그 찰나 만큼은 우리 모두는 마음이 같았다. 위-로 받고 싶다. 그저 위-안 받고 싶다. 그 맘- 뿐이었다. 그곳엔 한국의 따뜻한 봄날처럼 시작되는 위로의 말은 없었다. 겨울바람처럼 날카로운 교수의 말들이 우리의 마음에 서리처럼 내려앉았다.

"민정 씨, 작업하느라 고생 많았어요." "아이디어가 좋네요." 한국이었다면, 교수님들이 먼저 이런 한마디로 학생의 노고를 어루만졌을 것이다. 그 생각이 스치자, 하염없이 '그리움'이라는 단어가 아른거렸다. 나는 그 미국 대학원에서 매일 8시간씩 날 선 크리틱을 견뎌야 했다. 아니, 단지 버텼다는 표현이 더 적절할지도 모른다. 그래도 그곳은 "인테리어 아키텍트(Interior Architect)" 분야에서 전미 1위를 자랑하는 학교였다. 수많은 학생들이 등불을 향해 날아드는 나방처럼, 그곳을 동경하고 몰려들었다. 교수들 역시 그 명성에 걸맞은 자부심으로, 학생들을 철저히 기능 중심의 기준 속에서 이끌어갔다.

그러나 그들의 말은 주로 차갑고도 날카로웠고, 그 말들은 마치 서리처럼 교실의 공기를 차갑게 얼려버리곤 했다. 2015년, 영화 위플래시가 한국에 들어왔다. 그 영화를 본 나의 마음은 희뿌연 겨울 안개처럼 답답했다. 영화 속, 플레처 교수는 모욕적인 말들로 학생들의 자존감을 짓누른다. 그리고 완벽주의의 소용돌이 속으로 끝없이 몰아넣는다. 영화는 마치 날카로운 드럼 스틱처럼 가슴을 콕콕 찔렀다. 나 역시 그런 경험의 흔적을 지닌 학생이었기에, 관람 내내 바늘방석 위에 앉은 듯 심장이 쿵쿵 떨렸다.

왜 하필, 까마득한 유학 생활을 겨우 견디고 있던 그때 이 영화를 봤을까. 영화는 내 안에 회오리바람을 일으키며 공포처럼 밀려들었다. 성공의 그림자 아래 인간성 상실이라는 민낯을 보여주는 불편하지만 분명한 언어적 전경을 담았다.

다른 학교, 다른 학과는 잘 모르지만, 다만 그때 우리 학교의 교수들은 주로 잔혹했다. 능력은 성장했지만, 마음만큼은 그 자리에 머물고 싶지 않았던 기억이다. 지금도 생생하다. 그곳에서 교수의 말은 교실을 가로 질러 우리의 맘을 관통하곤 했다. 차가운 겨울 유리창에 맺힌 서리처럼 말이다. 그때 피어오르던 그리움은, 가족도 친구도, 고향의 공기도 아니었다. 그저 그리움은, 위안이 되는 배려의 말의 태도, 서로를 감싸 안는 말의 부드러운 태도가 간절했다.

걸어야 길이 된다 – 언어 오솔길 내딛기

언어 근력
말하기에도 수련의 단계가 있다. 마치 깊은 산 속에서 자신을 다듬어가는 수행처럼.

첫 번째 걸음은
인생의 유년기와 같은 말하기 단계이다. 봄날의 새싹처럼 보살핌이 필요한 그 시기엔 한국의 언어적 정서가 더욱 적합하다. 아기 강아지가 넘어지고 배변을 못 하면 어미 개가 돌보듯, 그 시기에는 격려의 말과 몸짓이 필요하다. 심리적 안정이라는 회복력이 뿌리내리는 시기다.

두 번째 걸음은 다르다.
폭풍우를 견디며 자라는 참나무처럼, 확신과 단단함을 가진 발화의 단계이다. 이런 말하기는 미국식 훈련 속에서 더 단련된다. 어느 정도 자란 강아지를 어미가 더 이상 돌보지 않듯, 때로는 사지로 몰아 자립을 유도하는 시점이 있다. 말하기 훈련도 마찬가지다. 단계에 따라 말의 품과 훈련 강도가 달라져야 한다. 즉, 따뜻한 칭찬과 위로의 품 안에서 말의 첫걸음을 떼고, 이후 겨울바람 같은 냉철한 비평의 숲을 지나며 단단 해지는 것. 그렇게 단련된 말은, 공포와 떨림을 넘어 자신감의 빛으로 변해간다.

어린 나무가 따스한 봄을 지나 거센 비바람 속에서 굳건히 자라듯. 겨울을 견뎌낸 매화처럼, 적나라한 진실과 비평은 하나의 수련이다. 상대의 날카로운 의도에도 흔들리지 않는 강인함이 몸에 배어든다. 시간이 흐르면, 단단한 바위처럼 흔들림 없는 마음의 힘이 생긴다. 그게 바로 언어에 생기는 근력이다.

그땐, 따뜻한 말만이 필요했다

설득 되지 않은 도시, 그리고 설득

찬란한 도시 불빛이 수놓은 뉴욕의 화려한 하늘 아래, 내 유학 시절의 초라한 마음들이 켜켜이 쌓여 있다. 할렘 인근의 아파트에서 보낸 날들은 마치 어두운 동굴 속에 갇힌 듯 답답하고 막막했다. 저녁이 되면 움츠러든 발걸음만큼이나 마음도 조용히 가라앉곤 했다.

어느 추운 겨울날, 할렘가에서 잔혹한 소식이 들렸다. 동양 유학생 한 명이 벽돌로 폭행을 당했다는 이야기였다. 그 학생은 결국, 극심한 공포에 짓눌려 유학을 중단하고 한국으로 돌아갔다고 했다. 그렇게 불안과 긴장이 감도는 거리의 공기 위에, 학교에서의 일상은 또 다른 차원의 고단함으로 이어졌다. 미국의 학교는 '설득'이라는 기술을 예리한 칼날처럼 단련하게 했다. 디자인은 결국 클라이언트(client)의 마음을 움직이는 이야기여야 했기에, 우리는 매일 프레젠테이션(presentation, PT)와 크리틱(critique) 이라는 전장을 오가며 논리를 연마했다. 그러나 그 과정은 쉽지 않았다.

밤하늘의 별빛이 스러질 때까지 계속된 작업, 차가운 새벽 공기를 가르며 귀가하던 발걸음들. 하루 아홉 시간을 꼬박 견디며, 우리는 마치 법정에 선 변호사처럼 자신의 디자인을 논리로 무장한 채 설득해야 했다. 매일이 전장이었고, 말 한마디에도 살아남아야 했다. 당시 한 반에는 열 명의 학생이 있었다. 봄날의 꽃다발처럼 활짝 피어 있던 그 열 송이의 얼굴 중 학기가 채 끝나기도 전에 세내 송이가 스러져 갔다. 황금 같은 학비와, 수년을 준비해 어렵게 잡은 기회를 스스로 접고 돌아서야 했던 친구들의 뒷모습이 아직도 선명하다.

이국의 언어는 내게 언제나 높고 두터운 벽이었다. 그 벽의 그림자는 점점 짙어 졌고, 어느새 우울이라는 깊은 계곡으로 나를 밀어 넣었다. 유학생이든, 현지 학생이든 모두가 마치 폭풍우 속의 나뭇잎처럼 흔들리고 있었다. 그러나 묘하게도 우리는 그 찰나 만큼은 서로의 아픔을 감싸 안는 법을 배워갔다. 비록 발표 순서를 두고 날 선 말다툼을 하기도 했지만, 발표가 끝나고 나면 우리는 같은 고통을 견디는 전우처럼 말없이 서로를 바라보며 위로를 주고받았다. 때로는 존재 자체만으로도 위로가 되었다. '아, 너도 버티고 있구나.' 그 사실 하나만으로 우리는 숨을 돌릴 수 있었다.

상상 그리고 현실

상상해본다. 통통배 하나에 몸을 실은 나는 칠흑 같은 어둠 속에서 멀리 반짝이는 다른 배들의 불빛을 바라본다. 불빛은 말없이 속삭인다. '당신도 거기 있군요.' 그 조용한 위로만으로도, 우리는 밤바다 위에서 견딜 수 있었다. 그 시절, 우리가 가장 자주 건넨 말은 하나였다.

"Are you OK?"

그 짧은 문장에는 모든 마음이 담겨 있었다. "괜찮아, 우리 모두 같아." "상상해봐, 우린 지금 단단해지는 중이야. 지금은 그저 흘러가며 견디면 돼." 김치를 볼 때마다 그리움이 밀려왔다. 그건 단순한 음식이 아니라, 내 안에서 발효되고 익어가던 기억이었다. 한국에 두고 온 가족, 함께 나눴던 말들, 그러던 어느 날, 나의 한국행은 현실이 되었다. 내가 살던 방의 바로 윗층 방에 살던 한국인 친구가 문고리에 목을 메달고 자살을 했다고… 그렇게 나는 다음학기에 부모님의 허락도 없이 휴학계를 내고 한국행 비행기에 오르기로 결심을 했다. 내가 견뎌냈던 그해의 날카롭고도 매서웠던 시간들이었다.

그 기억은 지금도 내 마음 속을 서늘한 바람처럼 스쳐 지나간다. 그게 도망이였다해도 내겐 최선이였다. 어쩌면 그녀도 걸어야 했을 길이었을지 모르겠다. 귀국 후, 나를 마주한 어머니는, 내게 안쓰러움을 토로한다. '이제 졸업만 하면 되는데, 왜 그러니…" 그 속엔 말로 다 하지 못한 아쉬움이 실려 있었다. 하지만 무슨 이유에서 인지 나는 그 전공, 그곳 뉴욕이 내가 있을 곳이 아님을 알아챘다.

내가 다시 찾아야 할 길이 한국에 있을 거 같았다. 그 시절, 나 역시 그녀처럼 그저 따뜻한 말 한마디, 진심 어린 위로 하나가 간절했다. 그 그리움은 이제 내 삶의 방향이 되었다. 그런 그리움이 처음으로 한국을 고국으로 느끼게 했다. 귀국 후 난 언론학을 하게 되었다. 그리고 그 티끌 같은 배움을 세상과 나누고 있다. 예전의 내가 그토록 듣고 싶었던 말들을 이제는 내가 누군가에게 잘 건네어 살고 싶다. 그리고 그 과정이 곧, 내 마음을 천천히 치유하는 길이 되고 있다.

걸어야 길이 된다 - 언어 오솔길 내딛기

무조건 끌어 안아줄 타이밍

"…너무 속상했겠다…" "아… 너무 마음 아프겠네…" "너무 애썼어. 그냥 쉬어. 일단 쉬자." 인생 사는 동안 우리는 지친 상대를 '무-조-건 끌어 안-아-줄 타이밍'을 한 번쯤은 마주한다.

상대가 힘들고 속상한 순간, 묻도 따지지도 않고, 그저 무조건 수용해줘야 하는 순간 말이다. 무조건 상대를 살려 놓고 보는 맘으로만 건네야 하는 따뜻한 말들이 있다.

헤아림 이라는 언어

사람의 무의식은 달빛 아래 잔잔히 흐르는 강물과도 같다. 깊이를 알지 못한 채 던진 말은 수면 위에 흩어지고 만다. 반대로, 그 깊이를 알고 있다 해도 그 위에 다리를 놓지 못한다면, 이해는 결국 나 혼자만의 것이 된다. 말은, 서로의 마음을 잇는 것이다. 한쪽만 밝아서는 길을 밝힐 수 없다. 결국, 상대의 마음을 읽어내는 헤아림의 문장 그리고 섬세한 어조와 표정. 이 날개가 함께 펼쳐질 때, 우리는 비로소 서로의 하늘을 날 수 있다.

"괜찮아? Are you OK?"
그 말은 서로의 아픔을 비추는 작은 등불이자,
        함께 걷자는 조용한 속삭임이었다.

땅에 쓰는 시, 마음의 언어

2024년 어느 여름날,

숨이 가쁠 만큼 더웠던 오후. 나는 익숙한 일상에서 살짝 비켜나 독립영화를 보러 갔다. 다큐멘터리 영화 〈땅에 쓰는 시〉. 조경가 정영선 교수의 삶과 철학을 조명하는 작품이었다. 정다운 감독이 정성스레 엮어낸 이 영화는, 보는 내내 동양적 여백의 고요를 느끼게 했다. 마치 바람이 손끝으로 건드리고 가는 연못처럼, 조용히 그러나 분명히 마음 한켠을 건드렸다. 영화는 자연과 인간, 그리고 공간이 맺는 섬세한 관계를 어느 한쪽도 서두르지 않고 담담하게 그려냈다.

그 풍경들은 마치 오래된 시 한 구절처럼 조용히 다가왔다. 나는 문득 떠올렸다. 내가 자주 찾는 여의도 샛강생태공원의 푸르고 깊은 다정한 오솔길을. 햇살 머문 돌계단의 선유도 공원과 오래된 철길 위를 조심조심 걷게 하던 경춘선 철길 까지 눈앞에 그려낸다. 그리고 제주 오설록 티뮤지엄 너머, 차밭이 수평선처럼 펼쳐지던 그 풍경까지. 알고 보니, 그 모든 장소들이 정영선 조경가의 손끝에서 태어난 곳이었다.

그녀는 자연을 다듬되, 다치게 하지 않았다.
비우되,　텅 비지 않게.
채우되,　과하지 않게.
숨기되,　오히려 더 빛나게 했다.
그래서 그녀의 공간들은 늘 우리 곁에 있었다.

티 내지 않고, 그러나 깊이 스며들며, 사람들의 기억 한 모퉁이에 소리 없이 자리 잡았다. 영화가 끝난 뒤, 나는 조용히 극장을 나섰다. 어느새 해는 저물고 있었고, 살갗에 닿는 저녁바람은 묘하게 부드러웠다.

그날, 나는 깨달았다. 진짜 아름다움이란 눈에 띄려 하지 않고, 그저 곁에 머물러 주는 것이라는 걸. 다큐멘터리 속 한 장면이 오래도록 마음에 남았다. 정영선 조경가는 풀 한 포기를 심을 때조차도 세상의 질서를 짓는 사람처럼 조심스럽고 세심했다. 잡초 하나를 심고 나면, 그 옆에 어떤 식물을 심을지 오래도록 고민했다.

그 식물의 키는 얼마나 될까. 잎사귀는 어디까지 퍼질까. 줄기는 연약할까, 단단할까. 색은 짙을까, 흐릴까. 그 자리는 볕이 잘 들까, 아니면 하루 종일 그늘에 잠겨 있을까. 식물 하나를 심고, 그 옆에 또 다른 식물을 놓으며 그 둘이 과연 잘 어울릴지를 끊임없이 살폈다.

누구 하나가 튀어 오르거나, 누구 하나가 다른 누군가를 가리지 않도록. 서로를 짓누르거나 밀어내지 않도록. 심지어 잎사귀가 뻗어나가는 방향까지도 조용히 들여다보며 조율했다. 그녀의 손끝은 늘 조심스러웠다. 어떤 것도 억지로 다듬지 않고, 자연이 자연스럽게 흘러가게 하려는 다정한 인내심 같은 것이 느껴졌다.

걸어야 길이 된다 – 언어 오솔길 내딛기

우리의 말도, 마치 어린 풀잎을 만지듯 조심스러워야 한다. 표현이 서툴지 않기 위해서가 아니라, 그 표현을 이끌어내는 마음이 먼저 다정하고 단정해야 한다. 타인을 향해 손을 뻗을 때, 그 손끝에는 '조율'과 '승인'의 숨결이 담겨 있어야 한다. "이 질문이 혹시 상대의 가치를 깎아내리지는 않을까?" "내 말이 강요처럼, 혹은 부담처럼 들리지는 않을까?"

내가 건네는 한 마디 말이 상대의 마음이라는 정원과 조용히, 그리고 다정히 이웃할 수 있을까? 결국, 내 마음속에 심어둔 정원에도 서로를 밀어내지 않고 나란히 기대어 자라는 풍경이 조금씩 피어나고 있는 건 아닐까? 이를테면, "오빠 왜 짜증내듯 나한테 말해?" 이렇게 물론 말할 수 있다. 그치만 상대가 오늘 힘든 나날을 보내는 데 불구하고 내 일을 돕고 있다면 난 오늘 정원사가 되어야 한다. 상대의 짜증이라는 표면보다, 그렇게 바쁜데 내것을 챙겨주다니, 신경써주다니에 초점과 중심을 맞춰야 한다. 그러고 넌지시 건넬 수 있어야 한다. "오늘 당신일만으로도 머리가 복잡할텐데, 이 틈에 내 일 신경쓰고 염려해주고 전화까지 주고 너무 고마워. 힘들텐데 내가 나머지 마무리 할게." 이렇게만 그 사람 맘과 내맘을 함께 읽으면, 다섯번 다툴 일 들을 한번 다툴까 말까 하며 지나갈 수 있다.

누군가는 말의 정원사가 될 만큼 섬세하다면 말이다. 이처럼 말은 조심스런 초대처럼 상대에게 다가가야 한다. 내 감정을 단언해서, 상대를 내 쪽으로 확 끌어당기는 것이 아니라, 그가 서 있는 자리까지 조심스럽게 다가가 함께 걸을 길을 만드는 것.

그렇게 건네는 '작은 질문' 하나는 두 사람 사이에 건강한 거리를 만들어 준다. 그리고 그 거리는 마치 봄날의 안개처럼 은은하게 존중이라는 꽃을 피워 낸다. 사랑하는 사람과 함께 음료 한 잔을 고를 때처럼, 단어 하나에도 정성을 들이고, 주저하는 목소리로 여린 마음을 묻는 템포까지 따뜻하길 바란다. 존중은 단지 말이나 마음만이 아니라, 상대가 실제로 느낄 수 있는 '온도'로 전해져야 한다. 그렇게 우리는, 서로의 마음을 음미하는 법을 배워간다. 시간이 흐를수록 마음이 멀어지는 게 아닌, 더 가까워질 수 있는 그런 관계를 만들어야 한다.

당신의 말은 부드러웠지만, 남은 자리는 차가웠다

긴 사랑의 끝에서

어느 날, 후배가 4년이라는 긴 시간을 지나온, 사랑의 끝자락에서 전화를 걸어왔다. 그녀의 목소리엔 쓸쓸한 기운이 묻어났다. 당시 금융권 대기업에 다니던 남자친구를 잊어야 한다며, 마치 오래된 일기장을 찢어내듯 어수선한 마음을 털어놓았다. "그가 원하는 결혼 조건에 저는 맞지 않는 것 같아요." 그녀의 말은 서리를 맞은 꽃잎처럼 바스러졌다. 사랑은 때때로 우리를 맹목적으로 만든다. 후배는 연애 기간 내내, 남자친구가 자신을 마치 미완성의 도자기처럼 바라본다는 걸 알면서도 그의 곁을 떠나지 못했다.

그러다 문득, 그녀는 내게 "괜찮아요. 어차피 헤어질 인연이었어요." 라고 말했지만, 그 말은 마치 깨진 거울 조각처럼 그녀의 깨져버린 진심을 산산이 비추고 있었다. "내가 그의 조건에 맞았다면, 결혼을 꿈꿨을 거예요." 라는 아릿한 미련이, 그 말 뒤에 숨어 있었다. 그녀는 자신을 미완성의 그림처럼 여겼다.

남자친구가 원하는 모습으로 스스로를 채색해서라도 그 사랑을 붙잡고 싶었던 간절함이, 모든 말끝에 아프게 묻어나 있었다. 하지만 그것은 봄날의 안개처럼, 스스로도 온전히 붙잡을 수 없는 마음이었다. 누가 보더라도 남자의 사랑은 마치 시장의 저울 같았다. 조건이라는 눈금으로 사람을 재는 듯한 태도— "당신은 내가 원하는 조건이 아니기에, 덜 사랑합니다." 그 말은 사랑의 온기를 찢어내는 차가운 칼날 같았다. 그는 그녀에게 "내가 부족해, 너는 더 좋은 남자가 어울려." 라고 말했다.

겉으로는 다정했지만, 그녀의 마음에는 차가운 말들이 깊게 남아 있었다. 그녀는 울음을 참았다. "내가 너보다 아까워, 우월해"라는 감정을 말하는 그 남자의 본심을, 그때 나는 알아차렸고, 그녀는 모른 채 했다.

위로의 언어를 찾아서

그녀의 표정엔 비에 젖은 창처럼 흐릿한 애원이 서려 있었다.

"선배, 뭐라도 말해주세요. 내가 한 사랑이 진심이었단 걸… 선배라도 알아주세요" "그가 예의 없는 사람이었다고… 위로해주세요." 그 말들은 마치 깊은 우물 속에서 울리는 메아리처럼 내 가슴을 울렸다. 어설픈 위로의 말들은 마치 녹지 않은 각설탕처럼 입 안을 거칠게 맴돌 뿐이었다.

그래서 나는 오래도록 침묵했다. 때로는 침묵이 가장 깊은 위로가 되기도 하니까. "이 또한 지나가리라." 이런 말은 오래되어 색이 바랜 엽서처럼, 그녀의 상처를 어루만지기엔 너무도 진부하게 느껴졌다. 그때 문득, 오래된 서랍 속에서 보물처럼 꺼내고 싶었던 문장이 떠올랐다. 결혼한다면 남편과 함께 읽고 싶었던 법륜 스님의 주례사였다. "서로 좋아서 결혼하지만, 결국 따져본다는 것은 덕 보겠다는 마음이기 때문입니다. 돈, 학벌, 성격, 건강… 서로 상대에게 70%는 받으려 하고 난 30%만 주려 하니 갈등이 생기죠.

하지만 덕 보려는 마음을 내려놓고, '내가 도와줘야지', '보살펴야지'라는 마음이 생긴다면 갈등보다는 연대가 생깁니다." 나는 그녀에게 위 글을 읽어주었다. 그리고 그녀에게 물었다. "혹시 마음이 불편하진 않니? 누군가의 민낯을 본 것 같니?" 진짜 부끄러운 건 사랑의 순수함 여부가 아니라, 그 순수함을 따르지 못한 우리 마음의 유약함이라는 걸, 나는 그제야 깨달았다.

주고받음의 미학

법륜 스님은 사랑을 '해주려는 마음'이라 말한다. 심리학은 그 반대에서 균형을 이야기한다. 기버(giver)와 테이커(taker)의 관계가 오래 지속되지 못하는 이유는 '주기만 하는 사람'의 마음이 마치 바닥을 드러낸 우물처럼 고갈되기 때문이다. 진정한 사랑은, 고마움을 알아보고 표현할 줄 아는 사람과의 만남에서 가능해진다.

기다림과 독립의 미학

어머니의 말이 떠오른다. "민정아, 사람이 장화 신고 뛰어다닌다고 하늘에서 비를 내려 주는 건 아니야." 그 말은 묵묵히 자신의 몫을 해내는 인생의 태도에 대한 것이다. 누군가가 고난의 시기를 지나고 있다면, 나는 그 곁에서 '재촉하지 않음'으로 사랑하고 싶다. 인생의 시기와 흐름은 피고 지는 꽃처럼 다르기에, 참아주는 마음에 유효기간을 매기는 관계라면, 그 시작부터 '사랑'이란 이름을 붙이지 말았어야 한다. 서로 도우며 기다려주는 마음이 곧 사랑이다.

누군가에게 의지 하는 것. 용기

최근까지 내게 가장 어려웠던 건 '의지하는 마음'이었다. 약해진 나를 보여주는 일. 그로 인해 상대가 나를 실망하고 떠날까 두려웠다. 그래서 늘 강한 척, 괜찮은 척… 마음을 숨겼다. 하지만 어느 날, 내가 마음을 기댈 수 있는 단 한 사람을 만났다. 그 경험은 나에게 놀라운 깨달음을 주었다. '아, 이 감정은 안전하구나.' 진심으로 나를 감싸주는 사람이 있다는 건, 인생에서 가장 큰 축복이었다.

사랑이라는 이름의 거울

우리는 때로 사랑에, 혹은 사랑하는 '나의 모습'에 취한다. 그래서 흐릿해진 거울 앞에서, 그 사랑이 진짜인지, 혹은 인정받고 싶은 나의 마음의 그림자인지 헷갈리곤 한다. 진짜 사랑은, 상대의 무거운 짐을 함께 들어줄 수 있는지 묻는다. 설령 멀리서 그의 뒷모습을 바라보는 일일지라도, 그를 위해 기꺼이 기다릴 수 있다면— 그것이 진짜 사랑이다.

사랑의 표정

상대가 내 짐을 들어줄 때, 그의 눈에 고마움이 담겨 있는지, 그의 표정에 미안함이 묻어 있는지를 살펴보라. 그것이 사랑의 방향을 말해주는 표정이다. 만약 그가 점점 더 많은 짐을 안기고도, 고마움도 미안함도 없이 태연하다면— 그 관계는 이미 시든 꽃처럼 생기를 잃은 것일지도 모른다. 그리고 나도 그랬다 그녀가 그랬듯, 나 역시 그랬다. 남의 정원에 피어난 꽃처럼, 내 자리가 아닌 곳에서 외롭게 서 있었다. 사랑을 주지도, 받지도 못하면서 말이다. 하지만 지금은 안다. 사랑은 함께 빚어가는 정원이어야 한다. 기댐과 독립이 조화를 이루고, 기다림과 돌봄이 맞닿아 있는, 서로를 향한 진심의 길 위에서 피는 꽃이어야 한다.

걸어야 길이 된다 – 언어 오솔길 내딛기

자기 이해라는 방패를 들고
결국 우리를 지켜주는 힘은, 오래된 나침반처럼 언제나 자기 자신을 향해 있는 '이해의 바늘'이다. 나를 더 깊이 들여다보는 일은, 굵은 참나무처럼 조용히 자라나 어느새 가장 단단한 방패가 되어준다. 타인의 말들이 스쳐 지나가더라도, 결국 나를 지켜주는 건 내 마음이 들려주는 고요한 속삭임이다.

삶이 때때로 거센 파도처럼 몰려오더라도, 자기 이해라는 등대를 지닌 사람은 쉽게 흔들리지 않는다. 사전적 의미의 '강건함'은 차가운 쇠붙이처럼 단단하다고 정의하지만, 내가 사랑하는 강건함은 봄날의 대나무처럼 유연하면서도 곧은 것이다. 그것은 타인에게 기대지 않되, 타인을 지배하지도 않는 평정심의 힘. 흔들리는 타인의 감정에 휘둘리기보다, 내 안의 호수 같은 고요함을 지키려 애쓰는 균형의 미학이다. 강건함은 외면의 힘이 아니라, 내면의 평형에서 비롯된다. 그것은 누군가를 제압하려는 매서운 바람 같은 힘이 아니라, 상대를 억누르지 않기 위해 자신을 단정히 다스리는 고요한 의지다.

반면, 나약함은 종종 예상치 못한 방식으로 다가온다. 타인을 통제하려 드는 욕망의 얼굴로, 혹은 자신을 포기하는 회피의 태도로. 그둘은 모두 건강하지 못한 마음의 표현이며, 동전의 양면처럼 서로 맞닿아 있다. "너를 위해 내가 떠날게." 부드러운 말처럼 들리지만, 그 안에는 얼음처럼 차가운 마음이 숨어 있기도 하다.

그 차가움이 내 연약함 때문이든, 상대의 부족함 때문이든. 그렇다면 그 떠남이 남긴 자리가 차갑지 않게 해보면 어떨까. 타인을 판단하기보다는, 내 내면과 더 깊이 대화하며 고요한 중심에서 강건한 힘을 다시 길어 올릴 수 있다면. 그것이야말로 타인에게 상처 주지 않고, 스스로를 지키는 단단하고도 다정한 삶의 자세일 것이다.

나의 말에 치유의 힘이 있다면

"아휴, 강민정 너 또 안 자니? 너 엄마한테 전화할 테니 기다려." 유치원에서 선생님은 백인 아이들에게는 다정하게 낮잠을 재워주며 쓰다듬었지만, 내게는 늘 위축되는 말투로 대했다.

"또 안 자니?"라는 말이 반복되었고, 어김없이 나는 엄마의 차에 실려가곤 했다. 조그마한 아이였던 나는 자주 긴장했고, 불안했다. "민정이가 또 잠을 안 자니까, 데려가셔야겠어요." 그 말은 매번 엄마가 들어야 했던 말이었다.

어린 시절, 나는 미국에서 자라며 남몰래 많은 차별을 겪었다. 엄마는 그 상황을 어렴풋이 짐작했는지, 아무 말 없이 조용히 나를 안아주곤 하셨다. 그저 침묵으로 함께해 주셨던 기억이 난다. 그 시절, 나는 점점 영어가 모국어가 되어가던 아이였고, 엄마는 한국인의 정서를 담은 언어를 쓰셨다. 아마 그때 우리가 계속 미국에 머물렀다면 지금의 부모와의 친밀함은 없었을지도 모른다. 그때도 우린 모든 것을 말로 전하지는 못했지만, 서로를 알아가야 했다. 신기하게도, 그 시절의 그 침묵이 내겐 위로로 남았다. 엄마는 말로 표현하지 않아도, 내 마음을 알아주셨다.

'민정이, 서러웠겠구나.' '엄마는 서러워하는 너를 보면 마음이 아프단다.' 그런데 인종차별은, 우리 탓이 아니란다."

엄마는 마치 그렇게 말해주는 듯했다. 그 시절 어른들의 보호를 충분히 받지 못한 결핍은 분명 내 삶에 영향을 주었지만, 그것이 전부 부정적이였다 말 할 수 는 없다. 그 시절 덕분에 나는 아주 깊은 시야를 함께 얻을 수 있었다.

걸어야 길이 된다 – 언어 오솔길 내딛기

우리는 어느 순간, 누군가가 무심히 던진 말에서 비롯된 상처들을 켜켜이 껴안고 살아간다. 그것이 실제로 내 잘못도 아니고 진짜 실패도 아님에도 불구하고, 반복되는 존재의 부정을 겪다 보면 자신을 실패한 사람으로 오해하게 된다. 그 감정은 고독하고 서럽다.

하지만 삶이라는 긴 여정 속에서는 예기치 않은 선물을 만나기도 한다. 바로 내 존재를 온전히 인정해주는, 따뜻한 마음을 가진 사람들이다. 성장의 한 시기에 마주한 그런 사람들은 새로운 방향을 찾게 해주는 나침반이 되기도 한다. 그들이 건네는 한마디는, 슬픔으로 얼룩졌던 영혼에게 '괜찮다'는 위로와 '존재해도 된다'는 허락을 건넨다. 그렇게 본래 소중했던 나의 가치를 다시 발견하게 된다. 이십 대 유학을 앞두고 있던 시절, 존경하던 교수님이 이런 말을 건넸다.

"민정아, 넌 대기만성형 사람이란다. 조용히 네 길을 묵묵히 잘 걸어갈 거야. 시간이 걸려도 너 자신을 믿어보렴." 그 말은 이후 이십 대와 삼십 대를 살아가는 내내 내게 버팀목이 되어주었다.

아마 그분은 지금 그 말을 기억하지 못하실 수도 있다. 하지만 나에게는 그 말이 유년기와 학창 시절 동안 만나지 못했던 '좋은 어른'을 만난 결정적인 경험이었다. 그 말 한마디가 내 안의 오래된 상처를 다독였고, 다시 힘을 내게 해주었다. 그 말은 자기 신뢰감을 키우는 계기가 되었고, 덕분에 도전을 시도할 수 있었으며, 크든 작든 삶의 목표를 이루어 가며 나 자신을 응원할 수 있는 건강한 자아를 만들게 되었다.

지난 17년 동안 수많은 사람들을 만나며 아주 작은 진실 하나를 배웠다. 우리가 무심코 건네는 말 한마디가 누군가에게는 얼마나 귀한 위로가 될 수 있는가 하는 것이다. 특별할 것 없는 말 한마디, 진심이 담긴 마음 한마디가 누군가를 다시 '존재하게' 만들 수 있다는 것을 알게 되었다.

인정과 칭찬은 때로는 한 사람의 마음을 따뜻하게 감싸는 공기가 되며, 지친 영혼이 잠시 쉬어 갈 수 있는 벤치가 되기도 한다. 마치 며칠간 황사로 뒤덮였던 하늘 아래, 비가 내린 다음날처럼 숨통을 틔워주는 말이 있다. 그동안 스스로 감당해왔을 당신의 정신적 외로움이, 이 말 한마디로 조금이라도 위로받을 수 있다면 그것으로 충분하다. 누군가 말이 치유가 될 수 있느냐고 묻는다면, 분명하게 말할 수 있다.

말은 분명, 사람이 사람을 살릴 수 있는 가장 따뜻한 방식의 치유가 될 수 있다.

응, 그냥. 효율 보다는 다정함을

요즘 세대는 효율적이다. 특별한 용무 없이 걸려오는 전화 앞에서 우리는 어색함을 넘어서 공포감까지 느끼곤 한다. 하루하루를 숨 가쁘게 살아가는 이 시대에, 전화는 어느새 부담스러운 제스처가 되어버렸다. 울리는 벨소리에 심장이 뛰거나 철렁 내려앉는 기분. 전화를 걸어야 할 때면 외면하고 싶은 마음이 앞선다.

이처럼 전화를 기피하는 현상이 전 세계적으로 퍼지며, '콜포비아(Call-phobia)'라는 신조어까지 생겨났다. 그런데도 묘하게, 전화 한 통 없는 고요 속에서 또 다른 불편함이 찾아온다. 이번엔 아무도 찾지 않는 그 어정쩡한 공백 속에서, 마치 나의 존재감마저 사라진 듯한 정처 없음이 스며든다. 어쩌란 말인가? 참 모호한 지경이다. 연성대학교에 출강하던 시절, 한 번은 인테리어학과 학과장님께서 나를 찾으셨다. 다른 학과에서 웬일일까 궁금해하며 나는 과장실로 향했다. "강 교수님, 인테리어 전공 학생들이 팀 프로젝트를 주면, 이상하게도 서로 만나서 의논을 하질 않아요. 각자 역할만 나누고, 자료는 그냥 취합해서 제출해요."

그분의 하소연은 이어졌다. "이 친구들 곧 사회에 나갈 텐데, 대체 건축주나 클라이언트(client)를 어떻게 설득하려는 건지 걱정입니다. 그래서 저희 학과도 이번 학기에 심리 커뮤니케이션(communication) 과목을 꼭 개설하고 싶어요."

사람을 설득해야 하는 직업임에도, 정작 사람을 만나는 일, 사람에 대한 경험과 레퍼런스(reference)를 쌓는 걸 중요하게 여기지 않는 모습이 안타깝다는 말씀이었다. 기능적이고 효율적으로만 사람을 대하는 요즘의 태도를 걱정하셨던 기억이 난다. 생각해보니 나도 그랬던 것 같다. 언젠가 오랜만에 후배에게서 걸려온 전화를 받으며 무심결에 말했다.

"응? 웬일이야? 잘 지냈니?" 아뿔싸! '웬일이야'라니. 편한 사이니까 무심코 튀어나온 말이었지만, 되돌아보면 참 필터 없이 던진 표현이었다. 심리학은 우리에게 소중한 진실 하나를 알려준다. 우리는 꼭 이유 있는 관심이 아니더라도, 누군가의 무심한 듯한 호의 속에서 존재의 가치를 느낀다고.

즉, 특별한 용건 없이 걸려온 전화 한 통. "그냥… 네 목소리 듣고 싶어서." 이 말 속에는 존재를 인정받는 깊은 기쁨이 담겨 있다. 이 사실을 알고부터 나는 작은 습관을 하나 만들었다. 후배에게 전화를 걸면 "어, 누나 왜?" "누나, 무슨 일 있어요?"라고 물어도, 나는 이렇게 대답한다.

"그냥 걸었어. 목소리 듣고 싶어서." 편한 마음으로 안부를 묻는 것. 그 소소한 대화가 얼마나 귀한지, 이제는 안다. 그리고 나 역시 기대하게 된다. 어느 날, 누군가 내게 전화를 걸어와 "그냥… 목소리 들으려고"라고 말해주기를. 그래, 나도 그 한마디를 기다린다.

"사랑해"의 다른 의미

사랑에 대하여, 작고 단단한 말들로

서툰 사람에게 사랑에 대해 물어본다면, 나는 이렇게 말하고 싶다. 사랑이란 긴 시간이 흘렀음에도 여전히 "참 따뜻한 사람이다"라는 말을 들을 수 있는 힘이라고.

그 말은 오래 함께한 부부든 연인이든, 그 관계의 온기를 보여준다. 그런 말을 누군가로부터 듣는다면 참 좋겠다고 생각한다. 동시에, 그런 말을 해 줄 수 있는 사람을 내 옆에 두고 싶다는 바람도 생긴다.

"당신, 참 믿을 만한 사람이야." (신뢰)
"당신, 내게 참 좋은 친구야." (진심, 편안함)
"당신, 내게 참 다정하고 친절한 이성이야." (헌신, 조율)

"난 늘 당신과 노는 시간이 제일 즐거워." (설렘, 환기, 노력)

"당신은 언제나 한결같아." (성숙함, 책임감)

"다음 생에도 당신과 다시 만나 사랑하고 싶어." (의지, 믿음)

이런 진심 어린 표현을 서로 주고받을 수 있는 사랑이라면, 그 자체가 행운이다. 그런 말을 이끌어내는 관계는 흔치 않다는 것을 우리는 잘 안다. 사랑이란 단지 감정이 아니라, 그 방향을 향해 의지를 내어 애쓰는 몰입이다.

탐욕과 몰입은 다르다. 탐욕은 '갖고 싶음'이라면, 몰입은 '지키고 성장시키려는 애씀'이다. 진정한 사랑을 지속하려면 우리는 서로를 향한 예의를 각오해야 한다. 쉽게 잃지 않기 위해, 사랑은 다정함과 친절함을 늘 한결같이 표현하는 태도가 되어야 한다. 모든 연애는 아름답기도 하고, 동시에 슬프기도 하다. 슬픔의 이유는, 기대했던 것이 충족되지 않아서이다. 기대는 어느 순간 '무망', 즉 아무것도 바라지 않음으로 변하고, 그 기대의 자리에 체념이 스며든다.

그렇게 우리는 사랑의 에너지를 회수하면서, 마음에 작은 상처를 얹는다. 한때 누군가를 깊이 사랑했을 때 이런 말을 했던 기억이 있다. "그대, 지금 그대로 내 곁에 있어줄래요?" 그 말은 늙지도, 변하지도 말라는 요구가 아니었다. 그저 그 시절의 따뜻한 눈빛과 청춘 어린 마음을 오래도록 간직하고 싶었을 뿐이다. 하지만 시간이 지나 더 깊은 사랑을 알게 되면서, 이제는 조금 다른 말을 할 수 있게 되었다.

"당신의 모든 것을, 있는 그대로 받아들이고 싶어요." 그 안에는 늙음도, 아픔도, 혹은 초라 해짐까지도 함께 품겠다는 의지가 담겨 있다.

비록 내가 초라해질지라도, 나의 자존심이라는 이름으로 내가 먼저 떠나지 않겠다는 용기도. 그의 생각하는 방식, 진심 어린 눈빛, 다정한 농담과 익살스러운 표정, 일상을 챙기는 친절함, 그리고 어깨에 조심스레 기대는 그 작은 몸짓까지 모두가 고맙다.

우리는 서로에게 이렇게 말할 수 있었으면 한다. "당신, 어떤 모습이어도 괜찮아요. 그대라면 충분해요."

요즘 세대는 참 기능적이다. 돈과 명예를 단번에 얻고 싶어하고, 완벽한 연인을 만나 결혼까지 이루려 한다. 하지만 완벽함은 오히려 건강하지 않은 모습일 수 있다. 불완전함을 인정하지 못하면, 결국 협상의 문도 닫혀버린다. 돈과 명예는 스스로의 몫이다. 혹여나 스스로 만족 되지 않는다면, 법륜스님 말처럼 '자족하는 법'을 배우면 된다. 그러나 정말 중요한 것은, 진실된 마음을 가진 사람을 평생에 단 한 번이라도 만나는 일이다. 그 단 한 번의 인연이 바로 '지복(至福)'이 된다. 이건 내가 마흔을 넘어 비로소 알게 된, 작지만 소중한 삶의 지혜다.

걸어야 길이 된다 - 언어 오솔길 내딛기

'사랑해'만으로는 부족할 때 '사랑해'라는 말 외에도, 우리는 더 많은 언어로 사랑을 표현할 수 있기를 바란다. 하지만 중요한 건, 사랑은 상대가 느낄 때 비로소 완성된다는 점이다. 발화자의 의도만으로는 사랑이 표현된 것이 아니다. 사랑도, 표현도 받아들이는 사람의 마음을 중심에 두어야 진정한 의미를 갖는다.

그렇게 사랑이 전해질 때, 인생의 지복(至福)은 마치 눈처럼 조용히 우리에게 내릴지도 모른다.

존재(Being)만으로도 충분한 위대함, 그것이 사랑

"당신이라는 사람이 이 세상에 존재해줘서 정말 고마워요." 이보다 더 아름답고 깊은 고백이 있을까. 누군가의 존재 자체를 온전히 인정하고 감사하는 마음, 그것이야말로 가장 순수하고 근원적인 사랑의 프로포즈일 것이다. 며칠 전, TV에서 한 강연을 보았다. 드라마에서 자주 얼굴을 보던 한 여배우가, 얼마 전 반려견을 무지개다리 너머로 떠나 보냈다고 했다. 그녀의 흐릿한 목소리가 마음에 오래 남는다. "그 위급한 순간, 제 모든 소원은 단 하나였어요. '그저, 내 곁에 그대로 있어주오…'"

그녀의 고백은 단순한 이별 이야기가 아니었다. 사랑하는 존재를 떠나 보내는 두려움과 절박함, 그리고 존재 자체의 고마움을 절절하게 깨달은 순간이었다. 그렇게 우리는 사랑할 때마다 이별이 두려워진다.

행복이 사라질까 두려워지고, 상대가 영원히 곁에 있기를 간절히 바라게 된다. 그때 비로소 우리는 안다. 그 사람이 곁에 있다는 것만으로 얼마나 큰 행운이었는지를. 우리는 '이 사람 없이는 안 된다'는 확신이 없어, 여러 번 이별하면서 이별법을 배워왔다. 하지만 그 이별이 있었기에, 지금 곁에 있는 사람이 얼마나 큰 행운인지 알 수 있었다. 사랑을 표현하는 새로운 방식명예도, 지위도, 돈도, 외모도 결국 사람의 부차적인 가치일 뿐이다.

진짜 중요한 것은 그 사람의 존재 자체가 나에게 어떤 의미로 다가오는지, 그것을 알아보고 느낄 수 있는 마음의 힘, 그리고 그 마음을 깊고 단단한 언어로 표현해 내는 용기이다.

부디 사랑의 또 다른 이름을 '너의 머무름'이라 불러도 좋을 만큼, 있는 그대로의 존재가 고맙게 느껴지는 사랑, 우리도 그런 마음을 선택할 수 있기를.

내가 하는말이 모두 나일까?

긍정 확언과 자존감에 대하여

천만 원도 벌어보지 못한 내가 "난 천억 부자야"라고 외친다. 사업에 '사'자도 모르는 내가 "난 지금 천억짜리 회사를 운영해"라고 말한다. 경제와 경영 책 한 권 읽어본 적 없는 내가 "난 성공한 투자자야"라고 외친다. 요즘 유튜브나 온라인 콘텐츠에서는 이처럼 긍정 확언을 마치 주문처럼 반복하는 장면을 흔히 볼 수 있다. 그런 말들은 분명 작은 위로와 용기의 씨앗이 되어줄지도 모른다.

하지만 정신의학에서는 이렇게 말한다. 허상 위에 세운 자기 확신은 결국 진짜 삶이 될 수 없다고. 때로는 멈춰서 객관적인 시선으로 자신을 바라보는 태도가 함께해야 비로소 그것이 진정한 자존감으로 이어질 수 있다.

진짜 정신의 힘은 내 마음이 본래의 자리로 돌아왔을 때, 누군가를 탓하지 않고 문제의 본질과 겉모습을 차분히 들여다 볼 수 있는 내면의 여유와 성찰의 힘에서 비롯된다.

긍정 확언은 때로 필요한 도약의 발판이 될 수 있다. 하지만 그것이 현실을 회피하는 말장난이 되지 않으려면 우리는 있는 그대로의 나와 마주하는 용기도 함께 지녀야 한다. 예를 들면 이런 말이다. "나는 분석력은 부족하지만, 대신 끈기는 누구보다 강해. 그걸 무기로 삼아 하나씩 극복해 나갈 수 있어." 또는 이렇게도 말할 수 있다.

"이번 어려움은 (리먼 사태나 코로나처럼) 내 힘으로 감당하기 어려운, 예측 불가능한 재난이야. 그러니 자책보다는, 지금 내가 할 수 있는 최선을 찾는 것이 맞아. 시간이 좀 걸려도, 나는 늘 잘 이겨낸 사람이었으니까. 그러니 이번에도 나를 믿고 다시 시작해 보자." 이처럼 건강한 자존감은 바닥을 치는 순간에도 자신과 상황을 객관적으로 바라보고, 스스로를 끌어올릴 수 있는 내면의 힘이다. 긍정 확언은 용기일 수 있다. 그러나 자존감은 그 용기를 지탱해줄 내면의 근육이어야 한다. 현실을 외면하지 않고, 있는 그대로의 나를 인정해도 괜찮다는 철학적 가치관을 지니는 게 정신근력이다. 그 안에서 다시 나를 일으켜 세우는 말이야말로 진짜 긍정의 힘일 것이다.

걸어야 길이 된다 - 언어 오솔길 내딛기

요즘 많은 이들이 주목하는 개념이 있다. 바로 메타인지다. 대화에도 메타인지(metacognition)가 필요하다. 메타인지는 단순한 지식이 아니라, 자신을 한 걸음 떨어져 바라볼 수 있는 생각의 힘, 그리고 거울처럼 내면을 비추는 성찰의 힘이다.

자신의 부족함도, 잘하는 점도, 있는 그대로 인식하고 받아들이는 것. 그것이 바로 메타인지의 시작이다. 이 능력은 맨얼굴의 현실을 정직하게 마주하고, 그 속에서 진짜 '나'를 발견하는 일로 이어진다. 그리고 그 발견은 곧 성장을 향한 여정의 출발점이 된다.

그렇다면 대화에도 메타인지가 필요하지 않을까? 우리는 종종 말이 다툼이 되고, 작은 오해가 큰 상처로 번지는 경험을 한다. 그럴 때 필요한 것이 바로 '말하는 나'를 객관적으로 바라보는 능력이다. 나는 지금 상대를 향해 말하고 있는가, 아니면 내 어떤 감정을 투사하고 있는가? 내가 전하려는 말이 실제로는 어떤 감정을 입고 전달되고 있는가?

이처럼 대화 속에서도 자신을 한 걸음 물러서서 바라볼 수 있다면, 우리는 더 깊은 이해, 더 섬세한 배려, 그리고 더 지혜로운 소통에 이를 수 있을 것이다.

메타인지란, 결국 나를 돌아보는 힘이고, 그 힘은 대화에서도 관계의 온도를 조절하고 갈등을 다독이는 감정의 조율자가 된다. 그러니 우리는 이제, 말을 잘하는 사람이 되는 것보다 내가 어떻게 말하고 있는지를 알고 있는 사람이 되기를 바란다.

그것이야말로 진심을 지키고, 관계를 건강하게 만드는 가장 깊은 소통의 기술이자 태도일 것이다.

제4장

마음의 빈자리, 사과

우리는 성실한 변명과,
늦지 않은 사과를 기다린다

언어는 참 묘하다.

'금기어'에서 '기(忌)'는 꺼리고 피해야 할 것을 뜻한다. 마치 오래된 이야기 속 금기처럼, 어떤 말들은 입 밖으로 나와서는 안 되는 경우가 있다.

반면, 입 밖으로 나오는 말이지만, 마음이 담기지 않은 꾸며낸 말, 진심 없이 흩날리는 말들도 있다. 바람 부는 날 이리저리 떠도는 비닐처럼, 혹은 시장 바닥에 굴러다니는 허드렛것처럼 굳이 주워 담지 않아도 될 말이다. 이런 말들은 다양한 모습으로 우리 일상 속에 숨어 있다. 예컨대, 상대의 자존심을 건드리는 조롱 섞인 말. "넌 도대체 잘하는 게 뭐야?" 혹은, 호의를 차갑게 밀어내는 표현. "저는 원래 사람을 안 믿어요." "사람은 누구나 가면을 쓰죠."

이런 말들은 스스로를 보호하려는 듯 보이지만, 오히려 관계의 벽을 높이고 만다. 또한 불확실성만을 부각하며 가능성을 닫아버리는 말도 있다. "이게 과연 어울릴까요?" "그걸 꼭 해야 하나요?" 이처럼 부정만 늘어놓는 투덜거림은 듣는 이를 지치게 한다. 선의의 친절을 무심히 흘려보내는 말도 마찬가지다. "이런 건 안 줘도 되는데요." "홍삼 선물은 너무 많이 받아서 굳이 필요 없어요." 작은 무심함이 선의의 온도를 식힌다. 진심 어린 사과가 필요한 순간에도 회피로 일관하는 말들이 있다.

예를 들어,

누군가 내 새 카메라 렌즈를 바닥에 놓아 망가뜨린 일이 있었다. "렌즈를 바닥 방향 닿도록 놓으면 안 되는데…" 그 말에 돌아온 대답은, "그럴 수도 있지, 내가 일부러 그런 것도 아닌데." 책임 회피는 불쾌함을 증폭시킨다. 그러나 내가 느끼기에, 흩날리는 말 중에, 가장 경계해야 할 말은 '지나치게 많은 말'이다.

즉, 상대의 생각과 마음을 어지럽히는 말, 너무 많은 것을 전하고 싶은 욕심에 넘쳐버린 말이다. 나의 억양이 부드러우면 괜찮을 거라 여겨, 칭찬을 쏟을 적이 있을 것이다. 그래서 내 안에 든 온갖 이야기를 풀어놓은 날들이 있었다.

그런데 문득 깨달았다. 그 시절, 그 말들이 정말 필요한 말이었을까? 고개를 끄덕이던 이들은 어쩌면, 동의가 아닌 피로함을 감추고 있었던 건 아닐까. 늦었지만, 그 말들에 대해 조심스레 사과하고 싶다. 조금 더 성실한 변명, 너무 늦지 않은 미안함으로 말이다.

걸어야 길이 된다 - 언어 오솔길 내딛기

진정한 사과의 다섯 가지 길

첫째, '너무 늦지 않은 시간'이라는 그릇에 담긴 사과여야 한다. 사과는 때를 놓치면 변명이 되고 그 밀도와 진정성이 희미해진다. 미안함을 느낀 그 순간, 망설이지 않고 '노크'하듯 조심스레 다가가야 한다. 세월호 참사 당시의 담화문을 떠올려보자. 너무 늦게 나온 사과는 국민의 원망 속에 사라져버렸다.

둘째, '책임'이라는 무게를 온전히 짊어져야 한다. 겨울나무가 눈의 무게를 묵묵히 견디듯 자신의 몫을 회피하지 않고 받아들여야 한다. 대한항공 땅콩 회항 사건처럼, 책임을 전가하는 태도는 사과를 무너뜨리고 신뢰를 잃게 만든다. 다시는 같은 잘못이 반복되지 않도록, 책임감 있게 재발 방지의 약속을 함께 해야 한다.

셋째, '보상'이라는 따뜻한 손길을 내밀어야 한다. 사람은 결코 속물이라서 보상을 바라는 것이 아니다. 마음의 상처든 물리적 피해든, 진심 어린 보상은 위로가 되기도 한다. 마우나 리조트 붕괴 사고 당시, 코오롱 이웅렬 회장은 가장 먼저 현장으로 달려갔다. 진심을 담은 사과와 성실한 보상은 피해자들의 마음을 어루만졌고, 그 사과는 받아들여졌다. 진심은 통한다.

넷째, '진정성'을 담아야 한다. 진정성을 가리는 건 변명이 길어질 때다. 잘못을 인정하는 데는 용기가 필요하다. '오해였다', '그럴 의도가 아니었다'는 말 대신, 짧지만 깊은 진심을 담아 "내가 잘못했어요"라고 말해야 한다. 사과는 과거를 따지기보다는, 앞으로 더 나아지기 위한 미래 지향의 첫걸음이어야 한다. (故)노무현 대통령의 사례는 이를 잘 보여준다. 태안 기름 유출 사건 당시, 그는 책임자를 문책하기 보다는 "앞으로 피해를 최소화할 수 있는 대책을 가져오라"고 지시했다. 탓보다는 대책. 그것이 진정성 있는 태도다.

연인 사이의 갈등도 마찬가지다. "그러니까 일찍 준비하라니까! 왜 그 말을 흘려듣고 기차까지 놓치게 해!"라는 과거지향적 언어 대신, "기차는 이미 놓쳤고, 다음 차편을 우선 알아보자, 당신은 부모님께 먼저 전화 드려 줘. 다음부터 우리 시간을 더 잘 맞춰보자"라고 말할 수 있다면, 그 다툼은 싸움이 아닌 '조율'이 된다.

진정한 사과는 화가 나지 않은 척하는 것이 아니다. 다만 그 감정을 지나치게 드러내어 상대의 마음을 찌르기보다, 담담하고 조율된 표현으로 내 마음을 전하는 것이다. 그렇게 우리는 함께, 더 나은 대화의 길로 나아갈 수 있다.

아픔을 안아주는 말, 공감

어느 흐린 날의 기억

종일 비가 올 듯 말 듯, 하늘빛은 무겁고 하루 내내 어둡기만 했다. 여자 후배가 아무 말 없이 연구실에 들렀다. 그녀의 눈망울엔 우물처럼 깊은 슬픔이 고여 있었고, 흐린 날씨처럼 차갑고 창백한 얼굴빛만으로도 마음이 평안치 않음을 알아챌 수 있었다.

2년을 함께 걸어온 남자친구의 휴대폰에서, 다른 여자와 다정하게 찍은 사진을 발견했다고 했다. 그 이야기를 내게 전하는 그녀의 마음은 이미 멍울져 있었고, 흩날리는 나뭇잎처럼 목소리마저 떨렸다. 남자친구는 이렇게 말했다고 한다. "그건 오해야. 그냥 회사 동료일 뿐이야. 요즘 같은 세상에 이성 친구 하나 못 만나나? 넌 왜 이렇게 의심이 많아? 할 일 없어? 왜 남의 핸드폰을 몰래 보고 난리야?"

순식간에 그녀는 예민하고 속 좁으며, 할 일 없이 남자의 일거수일투족만 감시하는 사람으로 몰렸다. 그녀의 자존감은 흙탕물처럼 어지럽혀졌다. 그의 말 어디에도 그녀의 상처를 어루만지는 따뜻한 공감은 없었다.

자기방어에만 몰두한 말은 겨울 바람처럼 날카롭게 상대의 마음을 찌른다. 변명의 서릿발 앞에서, 이미 얼어붙은 그녀의 마음은 벼랑 끝으로 몰렸다. 진정한 이해란, 말을 꺼내기 전에 상대의 마음을 먼저 들여다보는 일이다. 그녀가 얼마나 속상했을지, 얼마나 두려웠을지를. 그리고 그 부서진 마음을 먼저 알아채고, 입을 열어야 한다. 마치 고요한 호수를 들여다보듯 성찰하고, 그 아픔을 있는 그대로 말로 표현해 주는 것.

"넌 예민해." "넌 날 믿지 못하는 사람이구나." 이런 말들은 상대의 죄책감을 자극하며 스스로를 방어하기 위한 것일 뿐, 진정한 사과는 아니다. "미안해. 오해할 상황을 만든 건 내 책임이야. 네가 마음 다쳤을 걸 생각 못했어. 불안했겠다." 라고 말했다면 어땠을까. 신뢰는 단지 사과 몇 마디로 회복되는 것이 아니다. 말과 행동이 쌓이며 생기는 일관된 흐름이다. 그것이 무너지면 신뢰는 멀어진다. 그녀는 단순히 화가 난 것이 아니라, 상처받았던 것이다. 우리 모두 사랑 앞에서 서툴다.

나 역시 그랬다. 그래서 문득, 내가 받고 싶었던 사랑의 모습을 떠올린다. 내가 누군가에게 줄 수 있는 가장 따뜻한 선물은, 그 사람이 힘들어할 때 옆에 있어주는 진심 어린 다정함이다. 나의 말이 누군가를 무너뜨리는 칼이 되지 않도록, 나로 인해 차가운 벽이 생기지 않도록, 조심스럽게 다가가고 싶다.

사람의 마음은 깊다. 그래서 우리는 자주 오해하고, 쉽게 결론짓는다. 이제는 그 습관에서 벗어나야 한다. 상대의 아픔을 먼저 바라보는 마음, 그리고 그 마음을 덮는 따뜻한 말이야말로, 진정한 사랑의 시작이다. 우리가 겪는 갈등의 뿌리에는 결국 '사랑받고 싶다', '인정받고 싶다'는 마음이 있다. 그걸 기억한다면, 어떤 대화를 나눠야 할지 조금은 더 보일 것이다.

걸어야 길이 된다 – 언어 오솔길 내딛기

공감이란,
상대 마음속 깊은 곳에 자리한 내밀한 욕구와 바람을 마치 오래된 편지를 펼쳐 읽듯, 천천히, 조심스럽게 들여다보는 일이다. 우리는 종종 공감을 어렵게 느낀다. 그건 공감을 '같은 생각'이나 '동일한 입장'이라고 여기는 오해에서 비롯되곤 한다.

하지만 진짜 공감은, 같은 입장에 서는 것이 아니라 서로 다른 입장에 있어도, 그 사람의 느낀 외로움이나 쓸쓸함, 고단함 같은 감정의 온도를 느끼고, 그 온도에 맞춰 다가가는 것이다. 그런 감정들은 종종 말이라는 껍질 안에 숨어 있다. 그리고 우리는 그 말 속에서 '진심이 담긴 조용한 목소리'를 들을 줄 아는 연습이 필요하다. 그런 말을 읽는 법을 삶 속에서 차근히 다듬어온 이가 있다. 마셜 로젠버그라는 언어학자다. 그는 오랜 세월 사람들의 대화 속에서 싸움이 어떻게 시작되고, 또 어떻게 끝나는지를 지켜보며 하나의 소통 흐름을 정리했다. 그 흐름은 이렇다. 먼저, 눈으로 [관찰]한다. 그 다음엔 마음속에서 일어난 [감정]을 인식하고, 그 감정 아래 놓인 자신의 [바람과 욕구]를 알아차린 뒤, 마지막으로는 상대에게 조심스레 [부탁]을 건넨다. 복잡하지 않다. 단지 '말을 건넬 때, 감정의 순서를 기억해서 말해보자'는 이야기일 뿐이다.

예를 들어 이렇게 말할 수도 있다. "네가 그 사진을 보고 당황하고 힘들었을 것 같아. 충분한 설명 없이 그런 상황이 생긴 것 같아 미안해. 난 우리 사이에 신뢰가 유지되길 바라고 있어. 앞으로는 이런 오해가 생기지 않도록, 미리 이야기 나누도록 할게"

이렇게 말하면, 상대는 먼저 마음을 이해받는다. 공감이 담긴 사과는 그 자체로 관계 회복의 첫 단추가 된다. 이런 흐름이야말로, 방어보단 수용을 불러오는 말의 구조다. 다만 이때 꼭 기억할 점이 있다. 공감은 생각이 아니라, 감정에서 시작되어야 한다는 것.

"난 너에게 실망했어." "이 상황, 너무 불쾌해." "넌 날 무시한 거지?" 이런 말들은 감정처럼 보이지만 사실상 판단이

섞인 생각이다.

"실망했어"는, "넌 내가 기대한 대로 행동하지 않았어."라는 기대의 무게 "불쾌해"는, "네 행동은 내 기준에 어긋나."라는 평가 "좌절했어"는, "너는 말이 안 통하는 사람이야."라는 단념 이런 말은 듣는 사람의 마음에 즉각적인 방어막을 만들 수 있다.

아프고 분노하는 이유는, 무시당해서가 아니라, 존중받지 못했다는 느낌 때문이다. 그래서 그럴 땐 이렇게 말해보는 것도 좋다. "당신이 날 일부러 날 존중하지 않으려 하는게 아닌걸 알아. 그런데도 상황이 오해를 키워서, 내 마음이 서럽고 놀랐던 것 같아." 이처럼 마음속 감정을 차분하게 풀어낸 말이, 갈라진 관계 사이에 조용히 다리를 놓는다. 사람마다 불쾌함을 느끼는 기준은 제각각이다. 어떤 이는 너그러워 쉽게 흥분하지 않지만, 또 어떤 이는 오랜 상처와 조심스러움 속에 살아, 작은 일에도 마음이 쉽게 깨어지곤 한다.

이럴 때 가장 위험한 말은 "너 그때 일부러 그랬지?" 같은 단정이다. 그 말 한 줄이, 관계를 돌이킬 수 없게 만들기도 한다. 그러니 말의 표면만 보지 말자. 한 걸음 더 내려가, 감정의 밑바닥에 깔린 '인정받고 싶은, 존중받고 싶은, 소중한 존재로 여겨지고 싶은' 순수한 욕구에 닿는 것. 그것이야말로, 공감의 본질이다. 나는 연구실에서 또 다른 방식의 말

감각 훈련을 하기도 한다. 한국적 정서에 더 맞는 흐름을 제안하는데, 그 구성은 이렇다.

[관찰] - [너의 욕구] 혹은 [나의 욕구] - [부탁]

이를테면 이렇게 말할 수 있다. "네가 그 사진을 보고 속상했을 거 같아. [관찰] 너는 내가 너를 소중히 여긴다는 걸 느끼고 싶었을 텐데. [너의 욕구] 나도 우리 사이에 믿음이 있는 관계였으면 좋겠어. [나의 욕구] 앞으로는 오해가 생기지 않도록 할게. 비슷한 상황이 생길 것 같으면 내가 미리 양해를 구해도 괜찮을까?" [부탁]

이런 말은 갈등의 순간에만 필요한 게 아니다. 진짜 관계를 지속하고 싶은 사람에게, 마음을 건네는 방식으로 쓸 수 있는 말이다. 그래서 오늘은 이 한 줄만 기억했으면 한다. 공감은 판단이 아니라, 그 마음 한가운데 놓인 순수한 바람을 알아채는 일이다. 우리가 조금만 더 귀 기울인다면, 그 바람은 언제나 조용히, 우리 곁에 머물고 있을 것이다.

그저 조심스런 대화태도, 존중

어느 예능 프로그램에서 본 장면이 문득 떠오른다. 두 사람의 이야기였다. 서로에게 이끌려 시작된 관계는 마치 봄날 꽃잎처럼 아름다웠다. 하지만 시간이 흐르며, 남자의 마음속에는 조금씩 균열이 생기기 시작했다.

그건 마치 오래된 빌라 벽에 스며든 누수처럼, 처음엔 보이지 않게 스며들지만 결국은 벽 전체를 물들여가는 그런 종류의 불안이었다. 어느 날, 남자는 술잔을 사이에 두고 불안을 꺼냈다. "왜 하필 이성 친구들과의 술자리여야만 하죠? 실수는 언제나 순간의 방심에서 시작되는 건데……" 여자는 잠시 멈칫했지만, 곧 이렇게 말했다. "그들은 내게 그냥 친구일 뿐이에요. 성별이 무슨 의미가 있죠? 그리고 인사불성이 되어 들어온 것도 아닌데, 그게 왜 문제가 되는 건가요?"

가치관이 부딪힐 때, 사람들은 자주 이해하려는 노력 없이 방어하거나 판단하려 들기 쉽다. 그날의 두 사람도 그랬다. 어른의 대화를 하지 못했다. 그것이야말로 조용하지만 깊은 슬픔이었다. 완전히 같은 신념과 감각을 가진 사람은 세상에 없다. 관계란 결국, 차이를 인식하고, 그 차이를 어떻게 말하느냐에 달려 있다. 서로의 말을 통해 조금씩 내면을 알아가려는 그 태도,

그것이야말로 진짜 대화라는 이름의 시작이다. 나는 그들이 장기적인 관계로 이어지긴 어렵겠다고 느꼈다. 많은 연인들이 결국엔 서로의 단점에서 이별의 이유를 찾는다. 장점을 살리고, 차이를 인정하는 방식은 쉽게 떠올리지 않는다. 우리 모두는 서로 다른 세계에서 왔는데, 정작 연애는 꼭 나를 닮은 사람을 만나려는 일로 시작되곤 한다.

만약 그 남자가 다른 방식으로 이야기했더라면 어땠을까. "꼭 이성 친구들과 늦게까지 술을 마셔야 하나요?" "그렇게 마시다 실수라도 하면 어쩌죠?" "적당히 마시는 건 안 될까요?" 이런 말들은 말투는 부드러워 보여도, 속에는 판단과 불신이 고요히 깔려 있다. 그렇지만 이렇게도 말할 수 있었을 것이다. "이성 친구들과 술을 자주 마시나 봐요." "그런데 실수한 적이 없다니 자기관리 능력이 대단하시네요." "게다가 주량도 조절하는 것 같고요." "다만 남자친구 입장에

선 존중받지 않는다고 느낄 수도 있을 것 같은데, 어떻게 생각해요?" "혹시 술자리의 횟수나 귀가 시간을 서로 맞춰보면 어떨까요?" "서로를 배려하려면 한 발짝씩 물러설 수 있어야 하잖아요. 그런 마음, 있으시죠?"

이 말들은 '정답'을 말하는 게 아니다. 다만 상대의 입장을 먼저 듣고, 내 감정을 조심스럽게 건네며 서로 간의 공간을 맞춰 가자는 태도를 담고 있을 뿐이다. 그런 태도는, 상대가 방어하지 않고 내 말 안에 머물 수 있게 한다. 하지만 영상 속 남자의 말은 어디까지나 평가자의 언어였다. 그 말이 끝나기도 전에, 여자의 방어기제가 작동했다. "그 친구들은 이성이 아니에요." "그냥 여자 친구들과 똑같은 친구일 뿐이에요." "술에 취해서 인사불성으로 돌아온 것도 아닌데, 그게 왜 문제가 되죠?"

신뢰가 깊지 않은 시점에서 공격적인 말투는 상대의 마음을 단숨에 닫게 만든다. 그녀 역시 자신을 재단하는 남자 앞에서, 자신을 보호하는 쪽을 선택했다.

하지만 만약 여자가 다른 방식으로 받아들였더라면 어땠을까?

"주혁 씨가 그렇게 말하는 걸 보니, 저도 그 입장을 겪으면 존중받지 않는 기분이 들을 수 있을 것 같아요." "하지만 저는 남녀를 구분하지 않고 좋은 사람들과 교류하는 삶이

의미 있다고 생각해서요." "그래서 술자리 횟수나 귀가 시간을 맞추며 서로 맞추고 배려하면 어떨까 해요?"

그제야 흐릿했던 장면이 눈앞에 색을 담는다. 말 한마디, 표현 하나가 얼마나 많은 관계를 살릴 수 있는지 뒤늦게 깨닫는 순간이었다. 불편한 마음이 생겼을 때, 그걸 흐릿하게 감추거나, 비난으로 감정을 투사하면 남는 건 오해뿐이다.

감정의 생채기만 깊어지고, 관계는 더 멀어진다. 어른이 되어 갈수록 우리가 점점 말에 조심스러워지는 건 아마도, 말로 관계를 망쳐본 기억이 있기 때문일지도 모른다. 아니면, 말로 마음을 지켜내지 못한 기억이 남아 있기 때문일 수도.

가끔 그런 생각이 든다. 말이 조금만 더 건강했더라면, 관계에서 비롯된 상처의 90%는 피할 수 있지 않았을까. 말하기 전 반드시 스스로에게 멈춰서 물어보자.

"난 지금 어떤 감정을 실어 상대에게 말하고 있는가?"

우리는
아 직 도 · · ·
'어른이 되어가는' 중이다.

그만큼,
말 도
함께 자라고 있는 중인지도 모른다.

때론 타인의 말이 누군가의 출구를 만든다

첫사랑과 뉴욕, 그 사이의 거리

스무 살 초반, 청춘의 한복판에서 3년간의 사랑을 한국이라는 정원에 남겨둔 채, 나는 마치 겨울새처럼 날갯짓을 하며 뉴욕으로 향했다.

PRATT과 SVA[3]의 합격증은 새로운 봄을 알리는 편지처럼 내 손에 들려 있었다. 지금 돌아보면, 그때의 나는 얼어붙은 호수처럼 어떤 감정의 파문도 일으키지 않았다. 주저함도, 아쉬움도, 아련함도 없었다고 믿었다. 어쩌면 그것은 스스로를 향한 작고 단단한 원망이었을지도 모른다. 지금이 부족하니 반드시 해내야 한다는 오기와 독기 같은 마음 말이다. 뉴욕의 하늘은 마치 오래된 철문처럼 무겁게 느껴졌다. 유

[3] 5페이지 각주 참조

학 생활은 첫사랑의 기억을 떠올릴 만큼 녹록지 않았다. 그 시절의 나는 서리를 맞은 나뭇가지처럼 굳어 있었고, 의지라는 이름으로 한국에서의 전화는 받지도, 걸지도 않았다. 여지도 없는 일에 상대의 마음을 흔들고 싶지 않다고 말했지만, 사실은 '그리움'이라는 단어 하나에 무너질까 두려웠던 것이다. 마치 얇은 얼음 위를 걷는 것처럼, 한 발만 잘못 디뎌도 차가운 물속으로 빠져버릴 것 같았다.

욕망이라는 이름의 날개

그 시절 나는 편입이라는 좁은 문을 지나 뉴욕으로 향하는 길을 찾아냈다. 어머니께서 내미신 조건은 높고 단단한 담장 같았다. "랭킹 10위 안의 학교에 합격하면 유학을 보내주겠다." 그 말은 마치 조건부 계약서처럼 내 가슴에 새겨졌다. 한국에서의 하루하루는 시간을 재단하는 재단사의 바느질처럼 빼곡했다. 하루 열 시간씩 토플이라는 실로 미래를 꿰매며, 작품과 실기를 준비했다.

나는 마치 오래된 재봉틀처럼 쉼 없이 돌아갔다. 그렇게 받아낸 합격장은 오랜 가뭄 끝에 내린 첫 비와도 같았다. 수년간의 노력이 맺은 첫 결실, 나의 첫 훈장이었다. 감히 말하건대, 그때는 그 빛나는 종이 한 장이 첫사랑의 기억보다 더 눈부시게 빛났다. 나는 그렇게 '패자부활전'이라는 이름의 욕망에 사로잡혀 이십 대와 삼십 대를 달려왔다. 마치 후진이 없는 불도저처럼 앞만 보고, 멈춤 없이 달려가는 삶이었다. 그 질주는 때로는 거칠었고, 때로는 눈부셨다. 사실 나는 한국을 떠나며 '그를 잊어야지'라는 다짐조차 하지 않았다. 그리고 내가 떠나온 한국 그곳에, 그가 여전히 머무르고 있었다는 사실을 유학에서 돌아온 지 1년쯤 지난 후 알게 되었다.

"나야… 잘 지냈니? 유학에서 돌아왔다고 들었어." 나는 그 목소리만으로도 그가 누구인지 바로 알아차렸다. "한번쯤은 너를 만나야 할 것 같아. 혹시 언제 시간이 될까?"

'한번쯤… 너를… 꼭… 만나야 한다…'고? 그는, 아마도 내 마지막 한마디를 마음의 출구로 삼고 싶었던 듯하다. 그리고 그를 다시 마주한 날, 그는 조심스레 물었다. "민정아, 넌… 돌아오지 않을 거지?"

'돌아 올래?'가 아닌 '돌아오지 않을 거지?' 그는 이미 내 마음을 너무도 잘 알고 있었다.

그는 아직, 우리 사랑의 출구를 지나지 못했음을 보여주었다. 나는 작고 담담하게 대답했다. "응…" 4년이라는 시간이 마치 긴 터널처럼 흘러간 뒤에야, 그는 나의 마지막 말 한마디를 받아들였다. 마치 오래된 편지를 뒤늦게 읽고서야 그 안에 담긴 작별의 의미를 알아차린 것처럼. 어쩌면 나의 짧은 한마디가 그에게는 어둠 속 출구를 알려주는 희미한 불빛이었는지도 모른다.

질문의 온도

하지만 만약— 그때 그가 "넌 돌아오지 않을 거지?"라는 절박한 물음 대신, "시간이 흘렀고 우리도 변했을 테니, 친구처럼 지내볼까?" 라는 부드러운 제안을 건넸다면 어땠을까?

그 말은 어쩌면, 청춘이라는 각박했던 내 마음에 봄바람 같은 여유를 만들었을지도 모른다. 우리가 서로에게 건넨 질문 속 '두려움'은, 종종 그 대답마저 어둡게 물들게 한다. 그가 조금만 더 자신 있게, 긍정형의 질문을 던졌더라면 우리의 관계는 조금은 다른 빛깔로 이어졌을지도 모른다.

걸어야 길이 된다 – 언어 오솔길 내딛기

말이라는 표현도 식물처럼 자라난다. 어떤 사람은 자신의 인상이나 태도와 전혀 어울리지 않는 단어를 사용할 수도 있다. 그래서 사람마다 말의 향기가 다르게 느껴진다.

부정의 가시밭을 긍정의 화원으로 바꾸는 비결은 생각보다 어렵지 않다. 단, 그 말습관을 가꾸는 과정이 중요할 뿐이다.

첫째, '왜'라는 날카로운 바람을, '어떻게'라는 봄바람으로. "왜 안 되나요?"라는 말에는 종종 따지듯 차가운 기운이 깃든다. 하지만 "어떻게 하면 될까요?"라고 말하면, 협력의 가능성이 열리고, 대화의 온도가 달라진다. "왜 늦었어요?"라는 서늘한 질문도 "어떻게 하면 일찍 올 수 있을까요?"라는 다정한 표현으로 바꿔보자. 말투 하나가 관계의 온도를 바꾼다.

둘째, '못'이라는 벽을, '가능성'이라는 창문으로.
"못하는 이유가 뭐예요?"라는 닫힌 문을 "할 수 있는 방법은 무엇일까요?"라는 열린 창으로 바꾸어 본다. 상대와 함께 해결책을 모색하도록 유도하는 말이 된다. 가능성의 창문을 열어주는 표현이다.

셋째, '문제점'이라는 그림자를, '개선점'이라는 빛으로.
"문제가 뭐예요?"라는 질문은 어두운 그림자를 드리우지만, "어떤 부분을 개선하면 좋을까요?"라고 묻는다면 그 속엔 변화와 희망이 담긴 빛이 들어온다.

부정의 언어는 마음을 움츠리게 하지만, 긍정의 표현은 벽을 낮추고 여유를 만든다. 그 말 한마디가 상대에게 "어디 멀리서 한번 들여다볼까?"라는 마음의 여백을 선물할 수 있다.

말은 곧 마음의 그림자다. 말투 하나, 표현 하나가 관계를 바꾸고, 사람의 향기를 만든다. 그렇기에 말도 식물처럼 가꾸어야 한다. 따뜻하고 부드럽게, 그리고 정성스럽게.

첫 에세이 여정을 마치며

어느 출판사 대표님이 제안하셨습니다. "강 소장님, 요즘 에세이는 잘 안 팔려요. 실용서로 방향을 바꿔보는 건 어떨까요?" 조심스럽게 고개를 저었습니다. "아니요. 저는 제가 전하고 싶은 위로와 따뜻함을, 있는 그대로 나누고 싶어요."

유학과 이민의 시간들, 서툰 말과 서툰 마음으로 시작했던 저였습니다. 그러나 17년의 시간이 흐르며, 저는 누구든 '말의 정원사'가 될 수 있다는 걸 먼저 경험한 선배가 되었습니다. 정말로, 말은 식물처럼 자라납니다.

때로는 거칠게 뻗어나가기도 하고, 조금만 다듬으면 누구나 바라보는 아름다운 존재가 되기도 하죠. 자신의 존재감이 빛날 수 있도록. 응원하고 싶습니다.

어느 초등학교 선생님의 서평처럼 이 책은, '감성적 철학서 같은 에세이' 이기도 합니다.

입짧은 햇님의 서평처럼, "우리를 잠시 멈춰 세웠다가, 다시 힘있게 걷게 할 수 있다"고 생각 합니다. 이처럼 스스로 관찰자 시선만 주어도 충분합니다.

어느 여정이든 고단하지 않은 마무리가 있을까요. 그래서 그 고단함을 감사함으로 바꾼다면…

책 속에 사연을 함께 겪어준 그간의 스친 모든 인연들에게. 출판에 동기부여를 준 하와이 대저택에 오선예 작가님에게, 또한 격려로 도와준 소중한 인연(지수, 승호, 미경(햇님), 나의 부모님) 그저 고마움을 전합니다.

우연히 읽은 이 책이 누군가의 삶에 위로가 된다면, 그것을 응원삼아 나의 두번째 새로운 여정을 즐겨보려 합니다.

그때 나는 왜
그런 말을 했을까

ⓒ 강민정, 2025

초판 1쇄 발행 2025년 7월 10일

지은이	강민정
펴낸이	이기봉
편집	리라이프연구소 편집팀
펴낸곳	도서출판 좋은땅
주소	서울특별시 마포구 양화로12길 26 지월드빌딩 (서교동 395-7)
전화	02)374-8616~7
팩스	02)374-8614
이메일	gworldbook@naver.com
홈페이지	www.g-world.co.kr

ISBN 979-11-388-4411-6 (03810)

- 가격은 뒤표지에 있습니다.
- 이 책은 저작권법에 의하여 보호를 받는 저작물이므로 무단 전재와 복제를 금합니다.
- 파본은 구입하신 서점에서 교환해 드립니다.